A HIERARQUIA DAS RAÇAS
Negros e Brancos em Salvador

Jeferson Bacelar

A HIERARQUIA DAS RAÇAS
NEGROS E BRANCOS EM SALVADOR

1ª edição
1ª reimpressão

Rio de Janeiro
2008

Copyright©2001
Jeferson Bacelar

Editora
Cristina Fernandes Warth

Coordenação editorial
Heloisa Brown

Revisão
Maria do Rosário Marinho
Sandra Pássaro

Capa
Leonardo Carvalho

Diagramação
Minion Tipográfica

Todos os direitos reservados à Pallas Editora e Distribuidora Ltda. É vetada a reprodução por qualquer meio mecânico, eletrônico, xerográfico etc., sem a permissão por escrito da editora, de parte ou totalidade do material escrito.

CIP-BRASIL. CATALOGAÇÃO-NA-FONTE.
SINDICATO NACIONAL DOS EDITORES DE LIVROS, RJ.

B117h
1ª ed.
1ª reimpr.

Bacelar, Jeferson.
A hierarquia das raças: negros e brancos em Salvador / Jeferson Bacelar. — Rio de Janeiro : Pallas, 2008.

204p. ; 23 cm
Inclui bibliografia.
ISBN 978-85-347-0242-3

1. Negros – Salvador (BA). 2. Brancos – Salvador (BA). 3. Etnologia – Salvador (BA). I. Título.

00-0713

CDD 305.80981421
CDU 316.356.4(814.21)

Pallas Editora e Distribuidora Ltda.
Rua Frederico de Albuquerque, 56 – Higienópolis
CEP 21050-840 – Rio de Janeiro – RJ
Tel./fax: (021) 2270-0186
www.pallaseditora.com.br
pallas@pallaseditora.com.br

SUMÁRIO

Prefácio, *07*

Introdução, *11*

1. Os últimos africanos em Salvador, *17*

2. A hierarquia das raças — cor, trabalho e riqueza após a Abolição, *41*

3. Donald Pierson e os brancos e pretos na Bahia, *89*

4. Os imigrantes, estrangeiros e negros na Bahia de Jorge Amado, *107*

5. O legado da Escola Baiana — Para uma antropologia da reafricanização dos costumes, *125*

6. A Frente Negra Brasileira na Bahia, *143*

7. Mário Gusmão. O Santo Guerreiro contra o Dragão da Maldade, *159*

8. Modernização e cultura dos negros em Salvador, *187*

CRÉDITO DAS FOTOS

Foto 1 – Extraída do livro Kossoy, Boris e Carneiro, Maria Luíza Tucci. *O olhar europeu: o negro na iconografia brasileira do século XIX*. São Paulo: Edusp, 1994 – p. 16

Foto 2 – *Velho Negro*. Acervo do fotógrafo Adenor Gondim – p. 40

Foto 3 – Miguel Santana, personagem lendário do povo negro, na década de 1940. Acervo do fotógrafo Pierre Verger – p. 88

Foto 4 – *Negras e branco (imigrante) em Salvador*. Capa do livro Bacelar, Jeferson. *Galegos no Paraíso Racial*. Salvador: Ianamá/Ceao/CED, 1994. Acervo do fotógrafo Adenor Gondim – p. 106

Foto 5 – Presidente Leopoldo Senghor, Governador Lomanto Júnior, Diretor do CEAO Waldir Freitas Oliveira, Professor Renato Mesquita. Palácio da Aclamação, Salvador, 1962. Arquivo do Ceao. – p. 124

Foto 6 – *Uma face negra*. Acervo do fotógrafo Adenor Gondim – p. 142

Foto 7 – Foto de divulgação do filme: *O dragão da maldade contra o santo guerreiro*, de Glauber Rocha, (1969). Na frente da direita para a esquerda: Mário Gusmão, Rosa Maria Penna e Maurício do Vale – p. 158

Foto 8 – Extraída do folheto publicitário *Ilê Aiyê: 25 anos de resistência*. Salvador: Bahia, 2000. Foto pertencente ao Arquivo do Ilê Aiyê, a Célia Serrano e a Jonne Roriz – p. 18

PREFÁCIO

Este novo livro de Jeferson Bacerlar, *A hierarquia das raças. Negros e Brancos em Salvador*, reúne uma série de artigos, muitos já publicados em revistas especializadas todos na direção de uma reflexão que privilegia uma espécie de decomposição das vertentes sociais, políticas e culturas que submeteram e ainda submetem o negro a uma engrenagem hierarquizada de valores, de ações e comportamentos, imprensando-o nas tramas de um processo que lhe é, a todos os títulos, desfavorável com prejuízos permanentes a uma prática de cidadania que não abra mão de seus valores, de sua herança africana, do seu modo peculiar de ser. A leitura cuidadosa dos textos revela que o autor destrinça os elementos que estão por detrás da perversa hierarquização dos grupos étnicos que compõem a principal malha populacional da cidade de Salvador, para com lucidez de experimentado antropólogo desmitificar a idéia de que se tem, em Salvador, a mais perfeita convivência entre grupos raciais, e como ele próprio acentua: "mostrando a discriminação e a desigualdade raciais vigentes na cidade mais negra do país, bem como a condição de sujeito histórico do negro na sua performance na sociedade". Desigualdades raciais que acompanham — ou atrapalham — a trajetória histórica do negro enquanto elemento ativo na construção da civilização brasileira, fazendo-o, ao mesmo tempo, sujeito a vítima de um processo cuja tônica sempre foi a insidiosa maquinação da sociedade dominante de se lhe atar seus vôos de liberdade de expressão cultural, social e política. Contudo, o negro soube constuir mecanismo de defesa de seus valores culturais, criou estratégias de superação das dificuldades que se lhe tentaram impingir quando de suas ações políticas em busca de uma sociedade mais justa, mais igualitária, sem nunca ceder ao fascínio das conquistas pontuais, localizadas aqui e acolá na sua grande marcha pela liberdade. Enfim, a política racista que tentava alijar o negro da construção de uma sociedade cujo parâmetro era a sociedade dos brancos representada pela matriz européia, não foi o bastante para impedir a disseminação, em todas as circunstâncias da vida social, de práticas culturais africanas que logo se afro-brasileiraram em contato com outras vertentes culturais na Bahia. E, como assinala o autor, em seu bem documentado texto sobre os últimos africanos em Salvador, eles, — "e os últimos tiveram papel proeminente — soube, com astúcia e habilidade, preservá-las e transmiti-las aos seus descendentes".

Na verdade, o que acontece nos textos que compõem este livro de Jeferson Bacelar é uma rigorosa e bem articulada análise dos desdobramentos últimos do que está contido no parágrafo acima, desvendando a astúcia e habilidade do negro em superar todos os obstáculos para transmitir aos seus descendentes, e plasmar na sociedade brasileira, a herança africana como valor de civilização permamente e nacional.

Com olhar de antropólogo astuto e por que não de sociólogo contumaz, o autor não deixou de quantificar aquilo que era absolutamente necessário às suas investidas interpretativas de feições antropológicas, e sempre o fez com pertinácia e lucidez para não se deixar levar pela frieza dos números e pela plástica dos dados cruzados em percentuais que insinuam maior cientificidade analítica, para revelar, com clarividência, a partir daí, os ditames de uma sociedade que não desejava nenhuma transformação capaz de redefinir os valores culturais, sociais e políticos, na qual o negro haveria de se impor como portador de uma herança milenar e como responsável direto pelos processos histórico e econômico que forjaram, ao longo do tempo, a sociedade brasileira. Por tudo isso, este livro reúne uma plêiade de reflexões que o autor vem realizando ao longo desses últimos anos, dentro de uma abordagem antropológica que contempla a etno-história, amparada na vasta decomentação de que se vale, e que dá total sustentação às suas interpretações sobretudo no campo das relações raciais na Bahia, onde o autor já se tornou especialista de renome internacional. E como se não bastasse, recorre às informações que emergem de sua longa experiência vivencial, no campo das munividências afro-baianas, extraindo daí qual antropológo, a seiva que alimenta sua perspicácia interpretativa, desiderato alcançado com seriedade e rigor científico.

Enfim, este livro não preenche nenhuma lacuna nos estudos afro-brasileiros, antes abre novas perspectivas analíticas num campo de estudo ainda fortemente marcado pelas engrenagens culturalistas que produziram excelentes trabalhos, mas que de certa maneira limitaram os horizontes interpretativos pela sempre presente preocupação focal, com certo descuido pela dimensão paradigmática que as relações culturais produzem e que são extremamente úteis para a avaliação do campo político e social.

Destarte, o livro de Jeferson Bacelar já nos chega como leitura obrigatória para quantos se interessam, na academia ou fora dela, pelo mundo que o negro criou.

JÚLIO BRAGA PH.D.
Professor da UEFS

INTRODUÇÃO

O título deste trabalho diz bem o seu conteúdo: são artigos que abordam a presença hierarquizada dos grupos raciais e étnicos na sociedade baiana. É o que, poderia dizer, marca a sua unidade. Mas não só: todos eles refletem uma linha política que tenho explorado nos últimos dez anos, revelando e desmistificando os mitos da democracia racial e o ideal de branqueamento, mostrando a discriminação e a desigualdade raciais vigentes na cidade mais negra do país, bem como a condição de sujeito histórico do negro na sua performance na sociedade. Com eles, também procuro revelar que as desigualdades gerais encerradas na trajetória do negro na sociedade brasileira são marcadas pelas especificidades regionais, por uma peculiar configuração e historicidade. São artigos já apresentados em publicações diversas (Bahia, Brasil e Europa) ou em encontros científicos, que demonstram as minhas preocupações e produção na temática em pauta nos últimos cinco anos.

Os Últimos Africanos em Salvador teve como inspiração os trabalhos de Maria Inês Cortes de Oliveira – *Retrouver une identité: Jeux sociaux des africains de Bahia (vers. 1750 - vers. 1890)* Université de Paris - Sorbonne (Paris IV) These pour le Doctorat in Histoire, 1992 – e Nina Rodrigues – *Os africanos no Brasil.* São Paulo: Companhia Editora Nacional, 1977. O primeiro, por instigar uma continuidade das suas perspectivas em outro período histórico e o segundo, por provocar uma reiteração da sua investigação, o que só veio a comprovar a importância do seu trabalho de campo. Nele, mostro, não obstante o peso da escravidão, o racismo e o conservadorismo baiano, os últimos africanos como um exemplo da enorme capacidade de sobrevivência, de adaptação, historicamente construídas, dos povos da África no Brasil. E isso permitiu que Salvador se mantivesse, até os dias de hoje, como a mais sólida cultura de raízes africanas das Américas.

A *hierarquia das raças – cor, trabalho e riqueza após a Abolição* nasceu de uma constatação e de um desafio: excetuando a bibliografia clássica sobre a participação do negro no mundo da cultura em Salvador, inexistiam trabalhos versando sobre a presença do negro na economia e sociedade após a Abolição e décadas seguintes. Era também um desafio, na medida em que autores como Carlos Hasenbalg e Sidney Chaloub já ressaltavam a omissão da cor nos documentos da Primeira República e a quase impossibilidade de se montar um quadro completo das relações negros e brancos no mercado de trabalho. Fiz um amplo trabalho de "garimpagem" e o resultado está aí. Restrito e simplificado, mas de qualquer forma uma base para a compreensão das desigualdades raciais em nossa sociedade e sobretudo um alento para futuras pesquisas. O que se observa, ao contrário do senso comum estabelecido pela intelectualidade baiana que preconizava "os bons tempos", é a desigualdade racial como um elemento constante da vida de Salvador. Sociedade onde os brancos tinham as posições privilegiadas no mundo trabalho e detinham a sua riqueza. Entretanto, as disparidades que se consagram entre brancos e não-brancos não podem ser creditadas à herança da escravidão, nem tampouco à incapacidade do negro em Salvador. Explicações desse tipo tendem a lançar no passado ou no vitimizado a responsabilidade que se estabelece após a Abolição. Na realidade, o que ocorre após 1888, é que o grupo dominante – que não quer mudanças na estrutura de poder –, identificado com o modelo da prestigiosa civilização européia, desencadeia elaborada estratégia para deter o processo de ascensão e manter o controle dos ex-escravos e seus descendentes. O pior é que mais de 100 anos se passaram e os mecanismos utilizados, distintos, é verdade, ainda se mantêm. E os resultados, desastrosos, para o povo negro e a sociedade brasileira, conforme os estudos atuais da Academia e dos Movimentos Negros, revelam as enormes disparidades entre brancos e negros na Bahia.

Dois livros, resultantes de trabalhos de campo efetuados na década de 1930, em Salvador, sempre exerceram sobre mim grande fascinação: *A cidade das mulheres*, de Ruth Landes e *Brancos e pretos na Bahia*, de Donald Pierson. O primeiro, pela rica etnografia sobre a vida do povo negro em Salvador. Para mim, era um manancial para múltiplas abordagens, dos aspectos metodológicos aos variados temas enfocados. Sempre pensava em escrever um artigo sobre ele, entre outros aspectos pelo estigma que recaiu sobre a autora e seu livro, devido ao sexismo e ao rompimento das vigências acadêmicas. Não o fiz, mas felizmente hoje – antes tarde do que nunca – a autora e seu trabalho estão reabilitados e gozando de prestígio na Academia. Já o segundo, devido à inovação metodológica e pela superação dos padrões intelectuais vigentes no estudo das relações raciais na Bahia, esteve também sempre na minha mira. Prestigiados sempre o foram, o autor e seu premiado livro, aqui e acolá; portanto, o que intento é demonstrar a conexão entre as suas interpretações e o imaginário nacional. Mostro como o autor é americano no seu pensar, mas sem esquecer o outro que queria ser branco e se possível afastar toda possibilidade de negritude, daí as suas perspectivas sobre a realidade brasileira.

Nos últimos anos, além de estudos sobre a presença do negro em Salvador, também dediquei-me a explorar a imigração estrangeira em nossa sociedade, sobretudo a espanhola. Portanto, quando convidado a participar de um Seminário na Fundação Casa de Jorge Amado, busquei compreender em sua obra a participação dos imigrantes e estrangeiros. Porém, como um desdobramento natural da sua fixação temática, não poderia ficar de fora o povo negro da Bahia. Nele, demonstro que o autor possui várias vozes, do nativo, do sócio-antropólogo contemporâneo, ao preconizador da identidade que possuímos e jamais foi assumida.

O Legado da Escola Baiana - Para uma antropologia da reafricanização dos costumes nasceu da provocação do sociólogo Antonio Sérgio Guimarães, ao convidar-me para participar do

IX Congresso de Sociologia, em Porto Alegre indicando o tema de minha apresentação. Aceitei o desafio, sobretudo porque era uma oportunidade de mostrar a importância do CEAO – com 40 anos de vida, em 1999 – e a possibilidade de despertar novos enfoques para a relação entre a Academia e a comunidade afrobrasileira. É um campo, inclusive no que tange à realidade baiana, ainda inteiramente aberto a novas investigações.

A literatura sobre a presença do negro em Salvador após a Abolição concentrou-se em um plano: a cultura. Como conseqüência, foi elaborada uma imagem extremamente restritiva da luta e participação do negro na vida social, como se sua trajetória estivesse contida exclusivamente no plano cultural. A elaboração hegemônica teve tamanho vigor que a história do negro no período torna-se a história de sua ausência. Ausência das políticas que regem a vida social, um não-outro, sem ação, passivo diante das variadas formas de opressão. Com o artigo sobre a *Frente Negra Brasileira na Bahia*, um movimento especificamente político, tento mostrar outro plano: o negro participando ativamente da vida da sociedade de Salvador. Nele, apresento a importância da Frente em Salvador, as suas perspectivas e limites, sobretudo como um caminho para a reflexão em torno das atuais questões que envolvem os movimentos negros de Salvador.

O artigo sobre *Mário Gusmão* é uma continuidade da perspectiva do negro como criador de um espaço próprio, agente de uma peculiar movimentação na sociedade brasileira. Nele, pretendia vislumbrar o sujeito como protagonista de uma historicidade, com a valorização de sua biografia e trajetória. Uma perspectiva que valorizasse o depoimento, como matéria-prima para a apreensão antropológica e sociológica, capaz de proporcionar uma quebra da visão rígida da objetividade do fato histórico e a celebração da memória oficial, bem como estabelecer um diálogo da biografia com a sociedade mais ampla. Mário Gusmão, ator maior do teatro e cinema baiano, marco de duas gerações sociais de negros, oferece na sua trajetória um cenário de fascinação, pela sua grandiosidade, e de dor, pela forma como a sociedade racista o incorporou e excluiu.

No último artigo, um ensaio, *Modernização e a Cultura dos Negros em Salvador*, efetuo uma análise sócio-antropológica dos processos de modernização ocorridos em Salvador e o seu impacto na cultura dos negros. Demonstro que a grande novidade apresentada pela modernização foi o aguçamento das desigualdades de toda ordem. E que os seus efeitos não são apenas materiais, uma vez que atingem a "alma e o coração" das populações. A modernização, assim, provoca grandes estragos na cultura dos negros, mas ela permanece viva.

Para finalizar, quero agradecer a algumas instituições e pessoas que tornaram possível a realização deste livro. Começo agradecendo a Júlio Braga que, coordenando o Programa de Estudos sobre o Negro na Bahia na Primeira Metade do Século XX, incentivou-me a desenvolver um projeto específico, com grande parte dos temas contidos neste livro. Devendo ainda ser acrescentado o acompanhamento do projeto, com constantes sugestões, além da prazerosa convivência, lastreada em uma amizade irrestrita de décadas. A João José Reis, leitor atento e implacável, interlocutor em vários artigos, propondo substanciais alterações e sugerindo várias pistas. A Antonio Sérgio Guimarães, João Baptista Borges Pereira e Vivaldo da Costa Lima, pelo diálogo permanente e incentivo em tudo que faço. Aos meus colegas do Departamento de Antropologia e do CEAO, a minha gratidão, pelo apoio constante na realização do trabalho. Aos servidores do Arquivo Público do Estado da Bahia, pela colaboração e notável espírito de cooperação. Aos professores Ubiratan Castro Araújo e Jocélio Teles dos Santos, respectivamente Diretor do Centro de Estudos Afro-Orientais e Coordenador do Programa A Cor da Bahia, pelo apoio institucional a esta publicação. Aos meus protetores espirituais Jaime Montenegro, Mestre Didi, Ieda Machado e Araní Santana, aos meus colegas Marcelo Cunha, Maria Hilda Paraiso e Ordep Serra, bem como a Vovô, Jônatas Conceição, Adenor Gongim e Luis Orlando e Marta, que jamais permitiram que eu ficasse sozinho ou desanimasse. A Suzi, Claudio e Daniela que, com carinho, concedem força a minha caminhada. Concluindo, agradeço aos movimentos negros da Bahia que, com seu destemor, são a base inspiradora deste trabalho.

1
OS ÚLTIMOS AFRICANOS EM SALVADOR

"Foi presa de bem profunda emoção que assisti em 1897 uma turma de velhos nagôs e haussás, já bem perto do termo da existência, muitos de passo incerto e cobertos de alvas cãs tão serôdias na sua raça, atravessar a cidade em alvoroço, a embarcar para a África, em busca da paz do túmulo nas mesmas plagas em que tiveram berço. Dolorosa impressão a daquela gente, estrangeira no seio do povo que a vira envelhecer curvada ao cativeiro e que agora, tão alheio e intrigado diante da ruidosa satisfação dos inválidos que se iam, como de recolhida tristeza dos que ficavam, assistia indiferente ou possuído de efêmera curiosidade, àquele emocionante espetáculo da restituição aos penates dos despojos de uma raça destroçada pela escravidão."[1]

Segundo Nina Rodrigues, após a Abolição existiam em torno de 2.000 africanos em Salvador. E, em 1903, de acordo com os seus cálculos, restavam apenas 500 africanos na cidade.[2]

No seu relato pungente dos embarques para a África, mostra que velhos são os viajantes e, por sua vez, preconiza a extinção *"da colônia africana, apenas representada nos últimos velhinhos sobreviventes."*[3]

Considerando que o tráfico de escravos cessou em 1850, é de se presumir que a maioria dos africanos ainda existentes ti-

---
[1] Rodrigues, Nina. *Os africanos no Brasil*. São Paulo: Companhia Editora Nacional, 1977.
[2] Idem, ibid, p.98.
[3] Idem, idib, p.100.

vesse mais de 50 anos. Os dados coletados no Arquivo Público do período de 1889 a 1913 e os dados dos óbitos dos cemitérios de Salvador de 1892 e 1901 confirmam tal perspectiva; possuindo os africanos, respectivamente, 94,75%; 79,5% e 82,9% dos falecidos com mais de 60 anos.[4]

Após a Abolição da Escravatura e a Proclamação da República, para os grupos dominantes identificados com o modelo branco da prestigiosa civilização européia, tornava-se fundamental deter o processo de ascensão, mesmo limitado e minoritário, e manter o controle dos ex-escravos e seus descendentes. A inexistência de estatuto civil diferenciador entre negros e brancos, de acordo com a constituição republicana e democrática, demandou o retorno de elementos antigos, demarcadores, de natureza racial da formação portuguesa[5], devidamente atualizados na ordem social que se instaurou. O critério racial, tendo por base a cor e seus componentes coadjuvantes, tornou-se o principal vetor restritivo à ascensão social e a marca da desqualificação do suposto cidadão. A inferioridade biológica e cultural dos negros e os problemas derivados da mestiçagem, constantes nas "teorias raciais nacionalizadas"[6], sincronizaram-se perfeitamente com o ideário dos grupos dominantes, porém, nada disso era exposto diretamente. Primeiro, porque definir publicamente a inferioridade do negro seria uma forma de despertar formas de organização societárias homogêneas na população majoritaria com a ordem jurídica instalada, onde o modelo liberal regulamentava a esfera pública. Muito mais efetiva era a construção de atributos, a partir da vivência, das práticas, do cotidiano dos negros pobres de Salvador, tornados "naturais" –

---

[4] Os documentos coletados no Arquivo Público do Estado da Bahia, República, Seção Judiciária estão distribuídos da seguinte forma: Inventários – 47; Testamentos – 23; Testamentos e Inventários – 26; e Processos de Arrecadação – 25. Total de 121. Mapa dos Cadáveres sepultados nos Cemitérios do Campo Santo, Quinta dos Lázaros, Brotas, Santíssima Trindade e Nossa Senhora de Escada. Anos de 1892 e 1901. Arquivo Municipal de Salvador.

[5] Boxer, C.R. Pureza de sangue e raças infectas. In: *O império colonial português*. Lisboa: Edições 70, 1969.

[6] Sobre as teorias raciais na Bahia, ver: Schwartz, Lilia Moritz. *O espetáculo das raças*. Cientistas, instituições e questão racial no Brasil. 1870-1930. São Paulo: Companhia das Letras, 1993. pp. 189-238.

vadio, violento, criminoso, alcoólatra, sem família organizada, feiticeiro –, a caracterizar negativamente a sua situação. Os elementos presentes na cultura de segmentos das camadas pobres tornaram-se componentes permanentes do ser negro em Salvador, daí a equação negro igual a pobreza e vice-versa. Por sua vez, forjou-se uma identidade contrastiva entre negros e brancos. O negro era o outro inferior e incivilizado, em relação ao branco, superior e portador dos padrões civilizatórios europeus. Representações e ações, preconceito e discriminação racial, inoculados no dia-a-dia, na vivência cotidiana de negros e brancos a gerar em todos os segmentos da sociedade a internalização dos valores e condutas racistas.

Para os grupos dominantes, por sua vez, para a constituição da nova nação seria fundamental extirpar o símbolo do atraso da nossa vida cultural, a lembrança trágica da nossa "herança selvagem", ou seja, as práticas culturais de origem africana. A imagem dos costumes africanos era entendida como uma composição oscilante e vaga do animal e do humano, como uma projeção da barbárie. Formas de reativação de emoções primitivas, geradoras de desprezo, mas também de temor, contrapondo-se à inserção da nova nação no processo civilizatório ocidental. A política de exclusão da presença africana, visualizada expressivamente na repressão policial aos candomblés, se desencadeia, de maneira sistemática, ao longo das primeiras décadas do século XX. É verdade que a ação desenvolvida objetivava atingir sobremodo os negros baianos, majoritários demograficamente, pois seria um desastre caso se mantivessem como portadores das marcas culturais dos "selvagens africanos".

Porém, os africanos, embora poucos e envelhecidos, eram ainda a presença virtual, "material", da herança que os grupos dominantes pretendiam extirpar. Se, pela insignificância numérica e idade, já não eram o objeto maior da ação ostensiva e persecutória das autoridades e grupos dominantes, permaneciam discriminados, hostilizados e desqualificados pela sociedade envolvente. Eram internados como loucos:

> *"Diz Joanna Maria da Conceição, africana, que tendo sido recolhida a Cadeia de Correção, a africana Antonia Maria da Conceição, como alienada, e não se achando a supplicante alienada como se diz e sim pello seu estado de velhice... requer se digne mandala entregar afim de ser a mesma tractada em sua companhia".*[7]

Vale ressaltar, na solicitação acima, o caráter da solidariedade grupal, uma marca expressiva dos últimos africanos em Salvador. Eram vítimas de "brincadeiras":

> *"Hontem, as 3 horas da tarde, o indivíduo de nome Agapito José do Nascimento divertia-se a laçar um velho africano, quando sucedeu este cahir, contundindo região frontal direita."*[8]

O "desconforto" na sociedade anfitriã muitas vezes os impelia a desfechos trágicos, como foi o caso de Honorato de Sant'Anna:

> *"Às 2 horas da tarde de hontem, na Capelinha, estrada de 2 de julho, 1º distrito de Brotas, suicidou-se o africano Honorato de Sant'Anna, que contava mais de 70 annos de idade e residia alli, em companhia de seu filho Eusébio de tal, pedreiro, solteiro e bastante conhecido naquelle logar. O infeliz africano, que ultimamente soffria de mania de perseguição, aproveitando-se da ausencia de Euzebio, amarrou num dos caibros do tecto da casa uma corda, enforcando-se immediatamente, sem que isto percebessem duas raparigas enteadas do filho do suicida, as quaes, momentos depois, depararam com o tristonho quadro."*[9]

Entretanto, a maioria dos últimos africanos em Salvador já havia aprendido a desenvolver um estilo de resistência que se fazia através de constante negociação onde, para manter vivo o mundo africano, faziam concessões muitas vezes aparentes, formais, ao mundo dos brancos. Estabeleceram uma leitura correta da forma como a sociedade os considerava, do seu papel liminar

---

[7] Correspondência expedida e recebida. Gabinete do Chefe de Polícia, 14 de agosto de 1893. Arquivo Público do Estado da Bahia. Seção Judiciária.
[8] *Diário de Notícias*, 11/12/1903, p.3.
[9] Jornal *A Bahia*, 03/08/1906, p.2.

– nem brasileiro, nem estrangeiro – que exigia redobrada atenção e respeito, com ênfase no âmbito público, às normas legais e sociais. Assim, participaram da festa da Abolição, "sem barreiro, nem matinada" e ao contrário dos crioulos e mulatos "nenhum se embriagou"[10]. Eram, segundo a imagem traçada por Nina Rodrigues e Silva Campos, *"submissos, ordeiros, sóbrios, laboriosos, econômicos, honestos e fiéis."*[11] E essa imagem amortecia as possíveis hostilidades, abrindo caminho para o fortalecimento de suas redes no mundo do trabalho, para a manutenção do grupo e a preservação de um mundo africano em Salvador.

Os Últimos Africanos e sua Trajetória em Salvador

Dos 121 Testamentos, Inventários e Processos de Arrecadação pesquisados, sendo 61 homens e 60 mulheres, foram identificadas as ocupações de 44 africanos.[12] As atividades desenvolvidas pelos últimos africanos concentravam-se no pequeno comércio, nos serviços de "ganho", na lavoura e no artesanato urbano, com mais de 80% dos casos. Permaneciam, de forma geral, em atividades que exerciam sob a ordem social escravista. Trabalhavam homens e mulheres, com o predomínio das ocupações de natureza autônoma.

Tratando dos últimos africanos em Salvador, Nina Rodrigues confirma:

"Passou para eles o período de grandes atividades. Limitam-se hoje ao pequeno comércio e a fretes. As mulheres, em vendas ou quitandas, nas portas das casas, ou ambulantes em tabuleiros, praticam o comércio urbano de comidas feitas, especialmente dos preparados culinários africanos, muito do sabor da população, de condimentos, frutos, legumes, produtos da Costa (xoxó, abuxó, azeite-de-dendê, banha, obi, pequenos objetos de serventia

---

[10] Campos, J. da Silva. Ligeiras notas sobre a vida íntima costumes e religião dos africanos na Bahia. In: *Anaes do Arquivo Público da Bahia*. Bahia: Imprensa Oficial, 1946 (v.XXIX), 1943, p. 291.
[11] Rodrigues, Nina, op. cit. p.101 e Campos, J. da Silva, op. cit. p.296.
[12] Quadro: "Ocupação X Sexo".

doméstica, contas usadas na África e utilizadas nas práticas do culto nagô-jeje). Dos homens, os mais válidos são ganhadores ou mariolas; poucos conduzem ou carregam as últimas cadeirinhas ou palanquins, outros são aguadeiros; alguns, pequenos lavradores ou criadores nos arrebaldes ou roças da vizinhança da cidade. Outros ainda são criados ou encarregados de zelar pelo asseio dos grandes prédios da cidade baixa ou comercial."[13]

OCUPAÇÃO X SEXO (1889-1913)						
OCUPAÇÃO	MASCULINO		FEMININO		TOTAL	
	N	%	N	%	N	%
Negociante	9	30	3	20	12	26,7
Nego. de peixe	0	-	1	6,6	1	2,2
Vend. Ambulante	0	-	1	6,6	1	2,2
Quitandeira	0	-	1	6,6	1	2,2
Ganhador	6	20	1	6,6	7	15,6
Lavrador	6	20	1	6,6	7	15,6
Doméstica	0	-	5	33,3	5	11,1
Artista	4	13,3	0	-	4	8,9
Proprietário	1	3,3	1	6,6	2	4,4
Pedreiro	1	3,3	1	6,6	2	4,4
Operário	1	3,3	0	-	1	2,2
Aguadeiro	1	3,3	0	-	1	2,2
Indigente	1	3,3	0	-	1	2,2
TOTAL	30	66,6	15	33,3	45	99,9

Fonte: APEBa - Seção Judiciária - Série Inventários e Testamentos.

Os documentos analisados, de forma geral, excetuando a nominação, não apresentam maiores características das ocupações, porém, a relação dos bens legados nos oferecem indícios significativos. Através deles, observamos a manutenção dos vínculos comerciais com a África, por exemplo, na importação de azeite-de-dendê. Victorino dos Santos Lima, negociante do produto, ao morrer, possuía depositado no trapiche União, em 24/10/1891,

---

[13] Rodrigues, Nina, op. cit. p.101.

"*seis ponches da marca MB que vieram de Lagos no vapor inglês Biafra.*"[14] Mas, sobretudo, reiteram a afirmativa de Manuela Carneiro da Cunha que "as importações da Bahia eram motivadas por valores étnicos e religiosos, estes sustentando, aliás, aqueles."[15] Isto pode ser visto expressamente no inventário de José Fortunato da Cunha, que possuía entre os seus bens: "*Três tabaques sendo um em coro, uma caixa de pinho com quinhentos e tantos obis... uma galinha da costa... 60 panos da Costa.*"[16] Mais contundente na caracterização de tal aspecto, é o depoimento de Miguel Santana,[17] um afro-baiano que vivenciou com profundidade a presença dos africanos em Salvador nos inícios do século:

> "*Eu já lhe falei de Hilário? Um preto alto? Ele morava aqui no Largo do Pelourinho, morava com a mãe. O nome dela era Maria. Embaixo eles tinham uma quitanda onde negociavam com artigos da Costa. Ele era de Xangô. Ele era brasileiro, mas a mãe dele era africana. Quando a mãe morreu, Aninha*[18] *que morava na Rua dos Capitães com umas africanas a quem chamava de tias veio morar com ele e trabalhar na quitanda. A mercadoria que Hilário vendia era boa, não tinha nada falsificado, porque naquele tempo já se falsificava o sabão, o caríssimo sabão da Costa. Ele vendia também prá fazer feitiço, vendia ori, quer dizer limo da Costa, pano da Costa, vendia búzio, orobô.*"[19]

---

[14] APEBa. Inventário de Victorino dos Santos Lima. Doc. 07/2927/06 – Ano 1891 – República. Seção Judiciária.
[15] Cunha, Manuela Carneiro da. *Negros, estrangeiros.* Os escravos libertos e sua volta à África. São Paulo: Brasiliense, 1985, p.119.
[16] APEBa. Inventário de José Fortunato da Cunha. Doc. 01/13056/10. Ano 1889. República. Seção Judiciária.
[17] Miguel Santana foi uma das mais importantes figuras do candomblé da Bahia. Foi um dos primeiros Obás de Xangô, com o nome de Obá Aré, na Sociedade Cruz Santa do Axé Opô Afonjá.
[18] A ialorixá Eugenia Ana dos Santos, Aninha, foi a figura mais expressiva dos candomblés da Bahia nas primeiras décadas do século XX. Iniciada muito cedo, Aninha, com pouco mais de trinta anos, já fazia sua primeira filha-de-santo no Engenho Velho. Devido a desentendimentos na Casa Branca retirou-se do tradicional candomblé, fundando o seu próprio terreiro, a casa de Xangô Afonjá.
[19] Castro, José Guilherme da Cunha (org.) *Miguel Santana.* Bahia: Edufba-CEAO/Secretaria de Cultura e Turismo e Grupo Cultural Olodum, 1996.

Encontramos por sua vez, africanos identificados como lavradores, com roças na periferia da cidade. Casos como o de Abraão de Barros Reis que em seu testamento, lega a sua mulher africana liberta,

> *"uma roça com duas casas edificadas dentro da mesma com frentes para a Estrada do Retiro e para a Ladeira de São Gonçalo, com terreno próprio avaliado em 6:000$000 Réis."*[20]

Inês Oliveira, em seu trabalho sobre os africanos na Bahia (1750-1890), diz que a liberdade não implicava em nenhuma forma de trabalho diferente para o liberto em relação ao escravo. Muitos deles, inclusive, continuavam a viver em condições iguais ou piores que as existentes sob a escravidão. Entretanto, em relação aos africanos libertos, observa que alguns obtiveram um certo sucesso em suas vidas, acumulando um relativo patrimônio e tornando-se conhecidos e respeitados entre os africanos e outras camadas sociais.[21]

A documentação consultada em relação aos últimos africanos em Salvador reitera a perspectiva estabelecida pela citada historiadora.[22] De acordo com os dados, não se apresenta nenhum destaque patrimonial entre as atividades ocupacionais – comércio, ganho, lavoura, artesanato, proprietário – seja pelo número limitado de casos, seja pela amplitude e generalização das categorias. Vale considerar que a documentação tanto poderia refletir a última ocupação, no momento de testar ou de morte, ou a ocupação considerada preponderante, embora várias vezes já de há muito não exercida.

Os maiores patrimônios com a indicação das ocupações são os de Francisco da Costa Nunes, negociante, com patrimônio líquido de 12:036$000; Justiniano Maineto, negociante de madeira, com três propriedades e vários créditos, tendo um patrimônio

---

[20] APEBa. Testamento de Abraão de Barros Reis. Documento 07/28/74/04. Ano 1894. República. Seção Judiciária.

[21] Oliveira, Maria Inês Côrtes de. *Retrouver une identité*: jeux sociaux des africaines de Bahia. (vers. 1750-vers.1890). Paris: Université Paris-Sorbone (Paris IV) These pour le Doctorat en Histoire, 1992. p. 391.

[22] Quadro: "Ocupação X Patrimônio".

de 10:658$797 e Francisco Ribeiro Folhas, pedreiro, com várias casas térreas e um patrimônio líquido de 10:900$000.[23] Porém, entre todos os africanos, sem indicação de ocupação, as maiores fortunas amealhadas são de duas mulheres, a demonstrar a notável capacidade de iniciativa e o sentimento de independência das africanas chegadas à Bahia.[24] Uma, Maria do Carmo Friandes, solteira, falecida em 18 de fevereiro de 1892, residente na Rua do Moinho, no Tororó, freguesia de Santana, com um filho, o tenente Manuel Friandes, artista, e uma filha natural legitimada, Maria Paixão Sales Pontes. Legou aos seus sucessores uma casa assobradada, 18 casas térreas, um telheiro, um terreno, ações e apólices, totalizando um patrimônio líquido de 64:387$601. A outra, Justa Maria de Sant'Anna, casada, falecida em 21 de abril de 1906, com apenas um filho vivo, residente a Rua Direita de Santo Antonio. Ao morrer possuía um sobrado, uma casa assobradada e três casas térreas, perfazendo um patrimônio de 56:105$875.[25]

---

[23] APEBa. Inventário de Francisco da Costa Nunes. Doc: 01/29/31/07. Ano: 1898. República. Seção Judiciária. Inventário e Testamento de Justiniano Maineto. Doc.07/293/01. Ano: 1889. República. Seção Judiciária. Inventário de Francisco Ribeiro Folhas. Doc: 07/2886/10. Ano: República. Seção Judiciária.
[24] A iniciativa e o sentimento de independência das africanas são considerados em: Verger, Pierre. A contribuição especial das mulheres aos candomblés do Brasil. In: *Artigos*. Tomo I. São Paulo: Corrupio, 1992, pp.99-106. Com perspectivas mais complexas, temos os trabalhos de: Woortmann, Klaas. *A família das mulheres*. Rio de Janeiro: Tempo Brasileiro; Brasília: CNPq, 1987. E Segato, Rita Laura. Inventando a natureza: família, sexo e gênero no Xangô do Recife. In: *Anuário Antropológico 85*. Rio de Janeiro: Tempo Brasileiro, 1986, pp.11-54.
[25] APEBa. Inventário e Testamento de Maria do Carmo Friandes. Doc.: 07/2888/13. Ano: 1904 e Inventário e Testamento de Justa Maria de Sant'Anna. Doc.: 07/3179/02. Ano: 1911. República. Seção Judiciária.

OCUPAÇÃO X PATRIMÔNIO (em Réis) 1889-1913

Patrimônio Ocupação	IGN N	IGN %	até 200 N	até 200 %	201 a 1000 N	201 a 1000 %	1100 a 2000 N	1100 a 2000 %	2100 a 10000 N	2100 a 10000 %	10100 a 50000 N	10100 a 50000 %	50100 a 200000 N	50100 a 200000 %	Total N	Total %
Negociante	-	-	1	14,3	3	10	1	5,3	5	13,5	2	33,3	-	-	12	9,9
Neg. de peixe	-	-	-	-	1	3,3	-	-	-	-	-	-	-	-	1	0,8
Vend. amb.	-	-	1	14,3	-	-	-	-	-	-	-	-	-	-	1	0,8
Quitand.	-	-	-	-	-	-	-	-	1	2,7	-	-	-	-	1	0,8
Ganhador	1	5,0	-	-	2	6,7	-	-	4	10,8	-	-	-	-	7	5,8
Lavrador	-	-	-	-	2	6,7	2	10,5	3	8,1	-	-	-	-	7	5,8
Doméstica	1	5,0	-	-	-	-	1	5,3	3	8,1	-	-	-	-	5	4,1
Artista	-	-	-	-	-	-	-	-	4	10,8	-	-	-	-	4	3,3
Propriet.	-	-	-	-	-	-	-	-	2	5,4	-	-	-	-	2	1,7
Pedreiro	-	-	-	-	-	-	-	-	-	-	1	16,7	-	-	1	0,8
Operário	-	-	-	-	1	3,3	-	-	-	-	-	-	-	-	1	0,8
Aguadeiro	-	-	-	-	-	-	1	5,3	-	-	-	-	-	-	1	0,8
Indigente	-	-	1	14,3	-	-	-	-	-	-	-	-	-	-	1	0,8
Ign.	18	16,5	4	57,1	21	70,0	14	73,6	15	40,5	3	50,0	2	100	77	63,6
TOTAL	20	16,5	7	5,7	30	24,7	19	15,7	37	30,6	6	4,9	2	1,7	121	99,8

Fonte: APEBa - Seção Judiciária - Série Inventários e Testamentos.

Na Primeira República um professor primário municipal ou um mestre da Companhia Docas da Bahia ganhava em média R$250:000 mensais. Confirma-se, portanto, a assertiva do etnógrafo Nina Rodrigues ao dizer que *"alguns fizeram pequenas fortunas bem regulares, muitos foram ou são proprietários."*[26] Inês Oliveira e Silva Campos constatam que, em 1849 e 1875 respectivamente, a Freguesia de Santana concentrava uma parte considerável da comunidade africana.[27] No Mapa de Cadáveres[28] de 1901 e nos Testamentos e Inventários, a Freguesia de Santana, seguida pela de Santo Antonio, aparece como a região de maior concentração de africanos em Salvador. Entretanto, os dados indicam que eles estavam distribuídos em todo o espaço central da cidade. Miguel Santana, no seu relato, oferece um rico quadro da presença dos africanos no centro antigo de Salvador:

"ao pé da ladeira do Alvo havia uma senhora africana chamada Dadá, de 124 anos, que também tinha uma quitanda de mercadorias da Costa; os africanos tinham casas onde as pessoas iam prá ver a sorte, o futuro. Havia casa na rua do Hospício, na rua de Baixo, na rua da Faísca; na subida da ladeira de São Miguel, do lado esquerdo, moravam diversas africanas, tias africanas."[29]

Os Inventários e Testamentos não indicam a origem étnica dos africanos – excetuando dois casos[30] – mas provavelmente,

---

[26] Rodrigues, Nina, op. cit. p. 101.
[27] Oliveira, Maria Inês Côrtes de, op. cit., p. 256 e Campos, J. da Silva. op. cit. p. 291.
[28] Quadro "Local de Residência".
[29] Castro, José Guilherme da Cunha (org.) op. cit.
[30] No Inventário de Francisco da Costa Nunes (Doc.:01/30/33/06 - Ano: 1898) ele é dado como natural da Guiné e no Inventário e Testamento de Antonia Maria do Bonfim Tavares (Doc: 07/2888/04. Ano: 1899) ela é tida como natural de Gunci. A complexidade e a amplitude da expressão Guiné pode ser vista em Filho, Luís Viana. *O negro na Bahia*. Rio de Janeiro: José Olympio Editora, 1946, pp. 24-26 e 41-47. O termo Guiné refere-se a uma área geográfica da África do passado e não a um grupo étnico.
Segundo Vivaldo da Costa Lima, "Os Grunces – ou gruncis – são um povo do grupo lingüístico Gur – que alguns autores chamam de Voltáico – e eram conhecidos na Bahia antigamente como "nação de galinha". Lima, Vivaldo da Costa. Op. cit. p. 42 e também p. 20. O mesmo autor oferece em *O Candomblé da Bahia na década de 30* uma explanação detalhada sobre os grunces. Oliveira, Waldir Freitas e Lima, Vivaldo

seguindo a arguta observação de Nina Rodrigues – "*cada qual procura e vive com os de sua terra*"[31] – o local de residência refletia as divisões étnicas já presentes nos mundos do trabalho e da religião. De acordo com Inês Oliveira, a opção preferencial de viver no meio dos "parentes de nação" foi um comportamento constante entre os africanos da Bahia.[32]

FREGUESIA	LOCAL DE RESIDÊNCIA			
	1901		1889-1913	
	N	%	N	%
Santana	11	28,9	23	33,8
Santo Antonio	6	15,8	16	23,5
São Pedro	5	13,2	9	13,2
Passo	3	7,9	6	8,8
Penha	4	10,5	5	7,4
Vitória	4	10,5	4	5,9
Brotas	-	-	3	4,4
Pilar	2	5,3	-	-
Sé	2	5,3	-	-
Conceição	1	2,6	2	2,9
TOTAL	38	100	68	99,9

Fonte: Arquivo Municipal, Mapa de cadáveres de 1901 e APEBa.
Seção Judiciária - Série Inventários e Testamentos

Embora sem a origem étnica, conforme veremos a partir dos dados sobre a família e o parentesco, o que se consagra é a endogamia grupal. O estado civil dos africanos em Salvador, seguindo os dados dos inventários e testamentos, era o seguinte:

---

da Costa. *Cartas de Edison Carneiro a Artur Ramos*. De 4 de janeiro de 1936 a 6 de dezembro de 1938. São Paulo: Corrupio, 1987, p.54, ver também Rodrigues, Nina. Op. cit. pp. 110-112.
[31] Rodrigues, Nina, op. cit. p. 101.
[32] Oliveira, Maria Inês Côrtes de op. cit. p.391.

	ESTADO CIVIL (1889-1913)						
	SOLTEIRO		CASADO		VIÚVO		TOTAL
	M	F	M	F	M	F	
N	30	25	17	12	3	12	98
%	30,6	25,5	17,2	12,2	3,1	12,2	99,9

Fonte: APEBa. Seção Judiciária. Inventários e Testamentos

A predominância do celibato legal, jurídico – 55,6% dos casos – não implica, conforme veremos através do número de filhos legitimados e da indicação de uniões consensuais, a ausência da família.[33] Muitos eram os africanos que declinavam nos Testamentos as parceiras. Casos como o que Bonifácio Braga declarou: "Instituo minha única e universal herdeira Ludgera Luisa da Fé, minha companheira de muitos anos e que sempre me tratou com muita amizade." Ou o de Samuel Joaquim Pereira Marinho, segundo o qual tinha uma filha com Justina Maria do Rosário, *"também africana, falecida, mas com a qual se poderia ter casado, pois com ela vivia teúda e manteudamente habitando o mesmo teto."*[34]

Corroborando o afirmado acima, entre os africanos, os solteiros aparecem com a maior freqüência de filhos.[35] Isto pressupõe evidentemente fortes vínculos entre pais e filhos, na medida em que são legitimados para efeito de sucessão e herança.

---

[33] Sobre as uniões consensuais ou amasiamento, ver: Azevedo, Thales de. Família, casamento e divórcio. In: *Cultura e situação racial no Brasil*. Rio de Janeiro, Civilização Brasileira, 1966, pp.122-124.
[34] APEBa. Testamento de Bonifácio Braga. Doc 07/2964/31. Ano: 1893 e Inventário e Testamento de Samuel Joaquim Pereira Marinho. Doc.: 08/3455/19. Ano: 1901. República. Seção Judiciária.
[35] Quadro "Número de filhos X Estado Civil".

NÚMERO DE FILHOS X ESTADO CIVIL

Nº de filhos	SOLTEIRO				CASADO				VIÚVO				TOTAL	
	M	%	F	%	M	%	F	%	M	%	F	%	N	%
00	15	50	7	28	10	58,8	8	66,7	1	33,3	7	63,6	48	49
01	8	26,7	7	28	4	23,5	1	8,3	1	33,3	3	27,3	24	24,5
02	5	16,7	4	16	-	-	2	16,7	-	-	1	9,1	12	12,2
03	2	6,6	2	8	1	5,9	1	8,3	-	-	-	-	6	6,1
04	-	-	3	12	-	-	-	-	-	-	-	-	3	3,1
05	-	-	1	4	1	5,9	-	-	-	-	-	-	2	2
06	-	-	-	-	-	-	-	-	1	33,3	-	-	1	1
07	-	-	-	-	-	-	-	-	-	-	-	-	-	-
08	-	-	-	-	1	5,9	-	-	-	-	-	-	1	1
09	-	-	1	4	-	-	-	-	-	-	-	-	1	1
Total	30	30,6	25	25,5	17	17,3	12	12,2	3	3,1	12	12,2	98	99,9

Fonte: APEBA - Seção Judiciária - Série Inventários e Testamentos.

Segundo Kátia Mattoso, as famílias naturais a partir da segunda metade do século XIX, representam uma rejeição do modelo de casamento europeu cristão, *"uma espécie de ruptura, de reação contra a cultura dominante; verdadeira tentativa de afirmação de identidade cultural própria"*.[36] Entretanto, o modelo familiar legal, cristão ou civil, não deve ser confundido com uma completa aceitação dos cânones brancos. Ao contrário, em muitos casos ele pode revelar-se como uma estratégia de resistência e afirmação do grupo diante da sociedade local. Dos 13 casamentos que encontramos a data, todos são processados após 1870 e dos 14 que tivemos a idade do matrimônio, os noivos tinham mais de 40 anos. Portanto, casamentos tardios que não podem ser explicados unicamente pelo desejo de constituir família.[37]

Nos Inventários e Testamentos consultados duas parecem ser as motivações conducentes ao casamento. Primeiro, a consagração formal de uma união de fato, provavelmente para dirimir futuras questões de sucessão. Ilustra perfeitamente tal situação, o casamento de Antonio José da Cunha Marelin, ganhador, de 70 anos, com Thereza Maria da Conceição, serviços domésticos, de 67 anos, ambos residentes à Ladeira de Santana, *"onde os noivos declaram que viviam há muito tempo em união ilícita, tendo uma filha de nome Germana com 41 anos mais ou menos."*[38] O casamento ocorreu quatro dias antes do falecimento de Antonio Marelin. Segundo, o casamento representava um acordo de confiança e ajuda mútua para a sobrevivência dos indivíduos e do grupo. O apoio, a solidariedade, a troca mútua de atenções suplantavam as diferenças de idade e desigualdades de posse porventura existentes. Por exemplo, Amaro Manoel Soledade, com 85 anos, casou-se, em 1897, com Paulina Maria da

---

[36] Mattoso, Kátia. *Família e sociedade na Bahia do século XIX*. São Paulo: Corrupio; Brasília: CNPq, 1988, p.106.
[37] Segundo Kátia Mattoso, os motivos estão contidos no desejo de ajuda mútua e de solidariedade diante de uma sociedade expressamente hostil. Mattoso, Kátia. Op. cit., p.158.
[38] APEBa, Inventário de Antonio José da Cunha Marelin, Doc.: 01/102/152/01. Ano: 1895. República. Seção Judiciária.

Conceição, de 44 anos.[39] Por sua vez, a já citada Justa Maria de Sant'Anna, de muitas posses, *"maior de sessenta anos de idade"*, casou-se em 1899, com Benedito Querino Antonio.

Porém, seja com o amasiamento ou o casamento, a união se expressava como uma definida estratégia de afirmação grupal no momento em que se casavam os últimos africanos. Dos 63 casos em que encontramos alguma forma de união, consensual ou legal, 59 ocorreram entre africanos e quatro uniões foram entre africanos e crioulos.

Todos os herdeiros pertenciam ao mundo africano seja por afinidade, filiação, inclusive a família de origem, parentesco ritual (comadres e afilhados) ou filiação étnica (africanos).[40]

A maioria dos herdeiros (64,2%) era formada por parceiros e filhos. Porém, os demais casos, de forma majoritária, implicavam a expansão dos laços de família. Legando aos seus parentes de origem, como exemplificou Pedro Ribeiro José da Rocha, no seu Testamento:

> *"Declaro ter vivido sempre solteiro, não ter filhos ou outro qualquer parente a excepção de um irmão de nome Tobias Teixeira Gomes, africano liberto, morador nesta capital. Instituo como meus únicos e legítimos herdeiros, ao dito meu irmão e a africana liberta Quitéria Maria da Conceição Penna, entre os quais serão divididos igualmente."*[41]

Também José Travessa, no seu Testamento, declarou herdeiro se sua casa térrea à Misericórdia seu irmão João da Cruz e sua sobrinha Maria.[42] Ou Justiniano Maineto, próspero comerciante de madeiras, que deixou 1:000$000 para seu sobrinho Hermenegildo Julio de Sant'Anna, residente na Corte e estabelecido na pra-

---

[39] APEBa. Inventário de Amaro Manoel Soledade. Doc.: 07/2888/02. Ano: 1899. República, Seção Judiciária.
[40] Quadro "Herdeiros".
[41] APEBa. Testamento de Pedro Ribeiro José da Rocha. Doc.: 01/108/163/03. Ano: 1903. República. Seção Judiciária.
[42] APEBa. Testamento de José Travessa. Doc: 07/3140/07. Ano: 1892. República. Seção Judiciária.
[43] APEBa. Inventário e Testamento de Justiniano Maineto.

ça das marinhas.⁴³ Bens eram concedidos a parentes rituais, como foi o caso de Maria Joaquina Anastácia que deixou para sua comadre Victória Maria da Conceição a casa nº 243 à Rua da Poeira.⁴⁴ Ou, Inez Moreira de Pinho que disse no seu Testamento:

> "Deixo a minha afilhada Anna Tereza de Jesus, residente nesta capital em cuja companhia me acho, o pequeno prédio que possuo sito à Fazenda Matança."⁴⁵

HERDEIROS	
Companheiro ou companheira marido ou esposa	24
Companheiro ou companheira e filho	3
Companheira e sobrinha	1
Companheira e afilhado	2
Companheira, africano e afilhado	1
Filhos	21
Filhas e netas	1
Filha e afilhado	1
Filha e africana	2
Filha, africano e afilhada	1
Filhos, parente, afilhados e africano	1
Irmão e sobrinho	1
Irmão e africana	1
Netos	2
Sobrinha	1
Genro	1
Afilhada	2
Afilhada e africanos	2
Comadre e africanos	2
Africanos e crioula	1
Santa Casa de Misericórdia	1
TOTAL	72

Fonte: APEBa. Seção Judiciária. Inventários e Testamentos. 1889-1913.

Por sua vez, em 11,4% dos casos, os herdeiros eram africanos. Cassimiro Carolino Augusto declarou no seu Testamento, em 1893:

---

⁴⁴ APEBa. Inventário e Testamento de Maria Joaquim Anastácia.
⁴⁵ Inventário e Testamento de Inez Moreira de Pinho, Doc: 07/3250/03. Ano: 1902. República. Seção Judiciária.

> "São herdeiros dos meus bens em partes iguaes, Delfina Maria D'Oliveira, africana, moradora nesta capital, Thelma Maria de Jesus, residente actualmente em Pernambuco, africana, e a Joanna Maria da Conceição e a Maria Thereza da Conceição, residente na Costa D'África e que dizem ser minha filha e como tal a considero, filha de Thereza de tal, africana e já falecida, a quantia de quinhentos mil réis em moeda do paiz."[46]

Vale ressaltar que Cassimiro Augusto era procurador de vários africanos que juntavam dinheiro para o retorno à África.[47] Situações como a de Antonio Gomes que deixou sua casa à Rua Direita de Santo Antonio para as africanas Fortunata Maria Barreto e Joaquina Maria da Conceição.[48] Ou José Procópio Cerqueira Lima, que tornou a africana Adriana Roza Garcia, sua única herdeira.[49] No único caso em que o herdeiro estava fora do grupo, os vínculos com o mundo africano foram mantidos. João Bastos, no seu Testamento, em 1900, afirma:

> "Não tenho actualmente filho natural, por terem fallecidos os que tive. Nomeio para meu testamenteiro a Santa Casa de Misericórdia d'esta cidade, a qual instituo única herdeira do pouco que possuo e consiste na propriedade que resido à Rua dos Zuavos número 153 municipal, distrito de Sant'Anna, com a condição de entregar aos africanos Roberto Francisco Nogueira, Bernardo Macieira e Felix, a todos tres conjuctamente a quantia de dois contos de reis, para applicarem, parte no meu enterramento e suffragios por minha alma e parte para darem o destino que lhes hei recomendado, relevando-os do encargo de prestarem

---

[46] APEBa. Inventário e Testamento de Cassimiro Carolino Augusto. Doc.: 08/32/92/09. Ano: 1901. República. Seção Judiciária.

[47] O seu Testamento esclarece que "ele era procurador de outros africanos que juntava dinheiro pretendendo voltar a Costa da África, como é o caso dos suplicantes Delfina Maria de Oliveira e Maria Piedade."

[48] APEBa. Testamento de Antonio Gomes. Doc.: 01/108/164/01. Ano: 1898. República. Seção Judiciária.

[49] APEBa. Testamento de José Procópio Cerqueira Lima. Doc.: 01/93/132/02. Ano: 1898. República. Seção Judiciária.

conta d'esta quantia porquanto nélles tenho confiança plena em desempenharem o que lhes recomendei."⁵⁰

O que se revela, inclusive na recomendação não expressa, era a total confiança do testador nos seus patrícios.

Portanto, os dados demonstram os fortes vínculos com a comunidade de origem, quem sabe a expansão do grupo doméstico, mas seguramente um alargamento da noção de família. Uma noção não contida apenas no laço biológico, ou por afinidade, mas também sedimentada por solidariedades e alianças advindas do "parentesco construído" no Novo Mundo e das relações emanadas da terra ancestral.

Tratando do século XIX, tanto Maria Inês Oliveira quanto Pierre Verger, asseveram ser o verdadeiro testamento dos africanos oralmente transmitido, devido ao silêncio em relação à sua cultura nas fontes documentais oficiais.[51]

Nesse momento, após a Lei Áurea, já havia uma expressa afirmação documental de sua herança cultural. Reagindo à consideração de "que na Costa D'África não há família legitimamente constituída" através da nominação dos seus pais, Cassiano Godinho, com 70 anos, declarou ser filho do africano Loucumo e da africana Fatimbô e David Eustáquio disse ser filho legítimo de Oluôrôco (Bonfim) e de Adbom Mojó (Francisca).[52] Já declarando a sua religião, de forma sutil como José Joaquim Ferreira: "*Minha filha fará o meu enterro com decência, procedendo de acordo com a minha religião e a dela.*"[53] De maneira explícita, como Cassimiro Carolino Augusto que iniciou seu testamento dizendo: "*Segundo a religião dos meus pais.*"[54] Ou Francisco

---

[50] APEBa. Testamento de João Bastos. Doc.: 07/3030/15. Ano: 1900. República. Seção Judiciária.
[51] Oliveira, Maria Inês de. *O liberto: o seu mundo e os outros*. São Paulo: Corrupio, 1988, pp.70-71 e Verger, Pierre. *Os libertos: sete caminhos na liberdade de escravos da Bahia no século XIX*. São Paulo: Corrupio, 1992, pp.87-88.
[52] APEBa. Testamento de Cassiano Godinho. Doc.: 02/1345/1814/10. Ano: 1891, e Testamento de David Eustáquio. Doc: 04/1938/2410/18. Ano: 1889. República. Seção Judiciária.
[53] APEBa. Inventário e Testamento de José Joaquim Ferreira, Doc.: 07/2951/03. Ano: 1907. República. Seção Judiciária.

Pinto de Oliveira, que afirmou a sua fé no Islã: "*Deixo ao africano Abrahão Tourinho um conto de réis para ele com minha mulher, promover as orações e cerimônias da Costa D'África, tirando a licença (fidaú) do Liname.*"⁵⁵

Nina Rodrigues faz a etnografia da presença malê em Salvador:

"*No entanto, pelo menos um bom terço dos velhos africanos sobreviventes na Bahia é muçulmi ou malê, e mantém o culto perfeitamente organizado. Há uma autoridade central, o Imã ou Almány, e numerosos sacerdotes que dele dependem. O Imã é chamado entre nós Limamo, que é evidentemente, uma corrupção ou simples modificação de pronúncia de Almány ou El Imány. Os sacerdotes ou verdadeiros marabus chamam-se na Bahia alufás. Conheço diversos: a ladeira do Taboão, nº 60, o haussá Jatô; na mesma rua nº 42, o nagô Derisso; no largo do Pelourinho, na ladeira das Portas do Carmo, o velho nagô Antônio, com casa de armador junto à Igreja de Nossa Senhora do Rosário; um haussá na ladeira do Lavo; outro na rua do Fogo; dois velhos haussás no Matatu.*"⁵⁶

Manuel Querino, por sua vez, faz o seguinte relato da missa dos malês (Sara):

"*É cerimônia que só efetua por ocasião de grande regosijo na seita ou para sufragar as almas dos crentes no Alcorão. Pela manhã era servida uma mesa, em que sobressaía a toalha muito alva, de algodão, ocupando a cebeceira o chefe Lamane, como logar de honra.*"⁵⁷

Muitos filhos de africanos, nascidos crioulos, não mais estrangeiros, afastaram-se do grupo e das suas tradições, preferindo o modelo prestigioso do mundo dos brancos. Provavelmente foi esse o caso de dois filhos de Cassiano Godinho, Damião e Tibúrcio, "*os quaes não são de sua vontade que entrem no tes-*

---

⁵⁴ APEBa. Inventário e Testamento de Cassimiro Carolino Augusto.
⁵⁵ APEBa. Testamento de Francisco Pinto de Oliveira. Doc.: 07/2968/15. Ano: 1906. República. Seção Judiciária.
⁵⁶ Rodrigues, Nina, op. cit., p. 61. A etnografia da presença islâmica nos fins do século XIX, efetivada pelo autor, prossegue nas páginas 62 a 68.
⁵⁷ Querino Manuel. *A raça africana e os seus costumes*. Salvador: Progresso, 1995, pp.106-107.

tamento por o haverem abandonado e desrespeitado, até mesmo na sua moléstia."[58] Mas, outros tantos, mantiveram-se vinculados ao grupo, preservando sua herança cultural, sobretudo religiosa. E, assim, um pedaço de Salvador permaneceu e permanece com sólidas raízes africanas.

Conclusões

Na Bahia dos finais do século passado e primeiras décadas do século XX, contrapondo-se aos dispositivos igualitários da República, são elaborados mecanismos de exclusão, de natureza biológica e cultural, impeditivos à real integração do negro na sociedade.

São construídos atributos, a partir da vivência dos negros pobres de Salvador, estigmatizantes, conducentes a sua "naturalização" na sociedade. Representações e ações para "manter o negro no seu lugar", sacralizar a dominação dos grupos auto-identificados como brancos e estreitar qualquer possibilidade de ascensão dos descendentes de escravos. Mas, para construir a nova nação era indispensável extirpar a lembrança trágica de nossa "herança selvagem", isto é, as práticas culturais de origem africana. Elas eram elementos restritivos a nossa integração ao sonhado padrão civilizatório ocidental, branco, europeu. A sua disseminação entre os negros brasileiros seria um desastre inimaginável para a perspectiva alentada pelos grupos dominantes da sociedade. Deveriam e foram duramente reprimidas. Conforme veremos adiante já era tarde e insuficiente a ação simples das "patas dos cavalos e dos sabres."

Porém, existia ainda um complicador na política encetada, a marca visível da presença africana, ou seja, os últimos africanos, poucos e envelhecidos, mas ainda presentes. Pela insignificância numérica e idade, já não eram o objeto maior da ação ostensiva e persecutória das autoridades e grupos dominantes, entretanto, permaneciam hostilizados, discriminados e desqualificados pela sociedade envolvente.

---

[58] APEBa. Testamento de Cassiano Godinho.

Contudo, para os africanos, de uma forma geral, não havia novidades e eles souberam com sabedoria e prudência reagir. Já haviam sofrido no século XIX, sobretudo após a Revolta dos Malês em 1835, a política de intolerância e virtual exclusão do africano liberto da sociedade baiana.[59] Foram, então, estabelecidas medidas discriminatórias contra os africanos libertos, no âmbito legal, policial e da exclusão de certas ocupações, visando, entre outros aspectos, encorajar o retorno à África.[60] Segundo Manuela Carneiro da Cunha, tivemos em torno de 8.000 libertos voltando para a África a partir da Bahia.[61] Essa perspectiva de retorno, nada espontâneo, conforme vimos, se mantém entre alguns dos últimos africanos. Porém, muitos africanos permaneceram em Salvador, não obstante as perseguições e discriminações de ordem social e política. Já sabiam como movimentar-se, estabelecer relações, adaptar-se a uma sociedade que, em vários planos, lhes era hostil.

Os últimos africanos são um exemplo da enorme capacidade de sobrevivência, de adaptação, historicamente construídas, dos povos de além-mar no Brasil.

No mundo do trabalho, em sua quase totalidade permaneciam em ocupações que já exerciam na ordem social escravista. Trabalhavam homens e mulheres, porém, em grande parte em ocupações de natureza autônoma. Atividades que lhes permitiam sobreviver, mas não só; atividades que em muitos casos entrecruzavam-se com as suas origens, valores étnicos e religiosos. Mantinham através delas, conforme vimos, a África sempre presente, materialmente sobretudo, na Bahia. Já cultivavam as suas roças na periferia da cidade, longe do olhar vigilante das autoridades e grupos dominantes da época. E, presumivelmente, quantas não foram base para futuros "terreiros" ou já o eram então?

Modestos materialmente, em sua maioria, é verdade, mas já alguns formando razoáveis patrimônios, pequenas fortunas, so-

---

[59] Reis, João José. *Rebelião escrava no Brasil*: a história do levante dos malês (1835). São Paulo: Brasiliense, 1986.
[60] Cunha, Manuela Carneiro da. *Negros, estrangeiros*. Os escravos libertos e sua volta à África. São Paulo: Brasiliense, 1985, pp.74-100.
[61] Cunha, Manuela Carneiro. Op. cit., p.213.

bremodo mulheres. Distribuídos por toda a cidade, porém, conforme asseveram os dados, concentrados no centro antigo de Salvador. Provavelmente ainda divididos etnicamente, mas demonstrando enfaticamente pelas uniões, famílias e heranças a afirmação da endogamia grupal. Coesão cimentada em uniões estáveis, formais – religiosa ou civil – e consensuais, mas também em formas poligínicas, como foi o caso de Justiniano Maineto com três filhos de mulheres diferentes e conseqüentes matrifocalidades. Mães, como Justa Maria de Sant'Anna, com cinco filhos de pais diferentes, a aparecer como o centro da unidade familiar, denotando a independência e autonomia das mulheres africanas em Salvador. Africanos que, já na documentação oficial, mostravam a face de sua verdadeira cultura, oralmente transmitida cotidianamente. Ciosos da importância da preservação de suas tradições, chegavam a deserdar os filhos que se afastavam do grupo.

Conforme asseveramos anteriormente, a política racista aliada "às patas do cavalo e dos sabres" foi insuficiente para deter a disseminação das práticas culturais de origens africanas na Bahia. Os africanos – e os últimos tiveram papel proeminente – souberam, com astúcia e habilidade, preservá-las e transmiti-las aos seus descendentes. Com sabedoria conquistaram aliados entre os poderosos, como retrata Miguel Santana na sua exposição sobre os visitantes das casas das tias africanas:

> "Lá também iam vários tipos de pessoas porque tudo era direito, no lugar. Ia gente decente, tudo; mas essa gente importante ia por debaixo do pano porque naquele tempo era tudo escondido."[62]

Os africanos, seus descendentes como Hilário, Aninha, Martiniano do Bonfim, Miguel Santana, aliados ao fascínio e temor que exerciam sobre os grupos dominantes souberam manter a África viva em Salvador. Isso permitiu, não obstante o racismo e a repressão, que Salvador se mantivesse, até os dias de hoje, como a mais sólida cultura de raízes africanas das Américas.

---

[62] Castro, José Guilherme da Cunha (org.) op. cit.

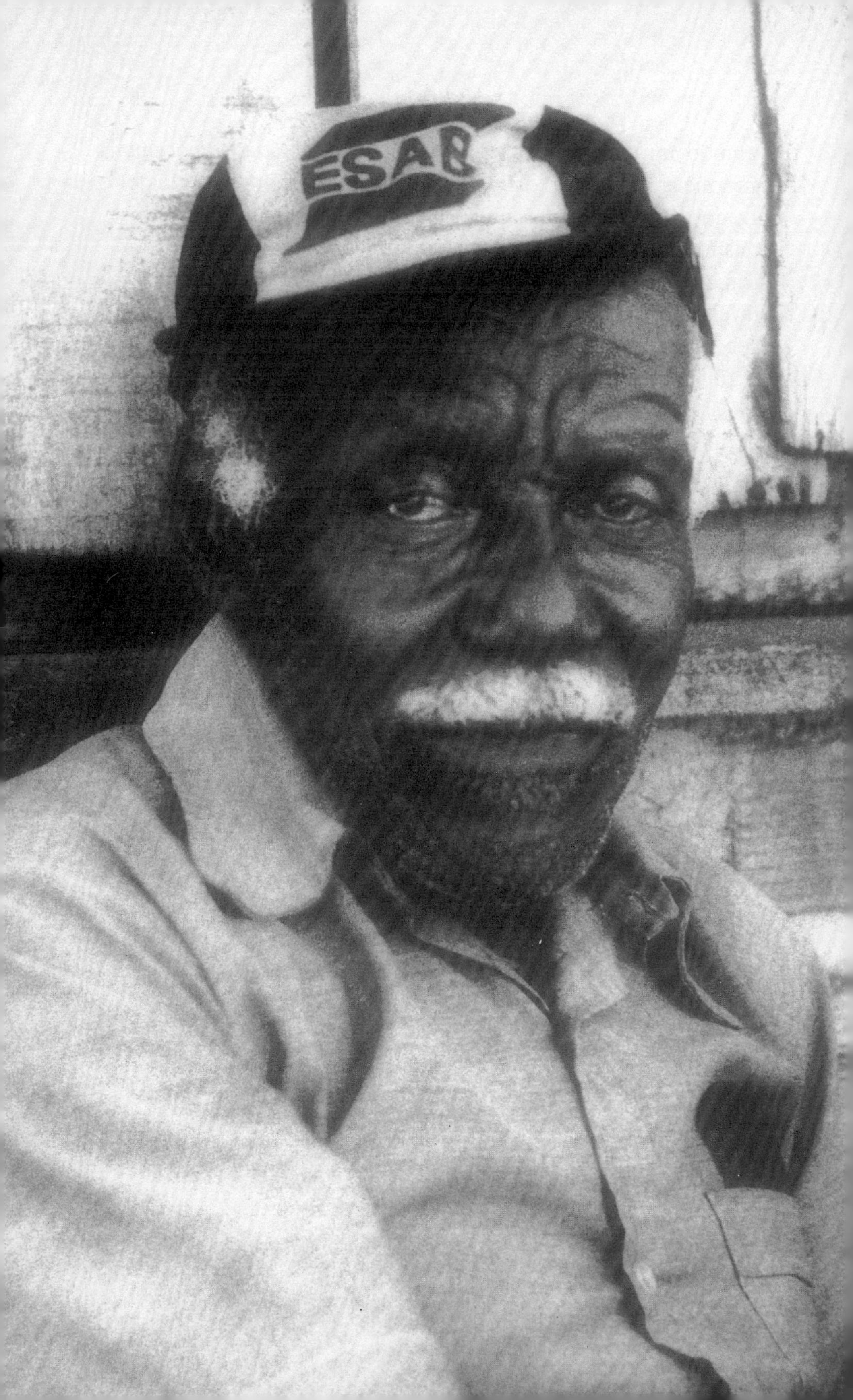
ESAB

2
A HIERARQUIA DAS RAÇAS – COR, TRABALHO E RIQUEZA APÓS A ABOLIÇÃO EM SALVADOR*

Introdução

Salvador foi uma cidade importante desde a sua formação, sendo já no século XVIII uma metrópole regional. A sua condição portuária, fosse na exportação de produtos agrícolas para o mercado internacional ou na importação de produtos que a Bahia não produzia, cedo a transformaria em núcleo comercial proeminente, aliada ao seu papel de capital administrativa.[1]

Nas últimas décadas do século XIX, a Bahia entrou no seu ocaso econômico, determinado pela perda de posição dos seus produtos no mercado internacional, bem como pela emergência do capitalismo no centro-sul. Sendo o foco dinâmico da economia baiana o setor agroexportador, Salvador refletiu diretamente esse processo; porém, no plano estadual, manteve a sua expressão e importância. Embora tornando-se secundária em nível nacional, com quase duzentos mil habitantes, conservou a sua tradição urbana, permanecendo como sede do poder administrativo e político e concentrando recursos de um vasto espaço de influência regional.[2]

---

* Artigo publicado originalmente em Estudos Cedhal nº 9, São Paulo: Humanitas Publicações – FFLCH/USP, 1997.
[1] Santos, Milton. *O centro da cidade do Salvador*. Bahia: Universidade da Bahia, 1959, pp. 5-25.
[2] Sobre o assunto, ver: Almeida, Rômulo Barreto de. *Traços da história econômica da Bahia no último século e meio*. Planejamento v. 1 nº 1 Salvador: Fundação de Pesquisas – CPE, set./out., 1973, pp. 19-54 e Azevedo, Thales de e Lins, E. Q. Vieira. *História do Banco da Bahia 1858-1958*. Rio de Janeiro: Livraria José Olympio, 1969.

Cidade, por excelência comercial, aparecia como o centro maior de apropriação de excedentes dos bens produzidos alhures. E será desses recursos do comércio que precocemente teremos a industrialização, os novos serviços e vias urbanas, bem como as atividades subsidiárias, porém indispensáveis ao funcionamento da "máquina comercial" e do meio urbano.

A cidade do Salvador chegou aos fins do século XIX com um tecido urbano complexo e heterogêneo. O pólo dominante do seu desenvolvimento, os negócios de exportação e importação, expandiam a sua atuação com as casas bancárias e a indústria têxtil. Mas não só: induziam a expansão da máquina burocrática e dos serviços urbanos, desde prédios, vias públicas, até os trabalhos do porto. E tudo isso impunha um contingente demográfico expressivo para mandar, controlar e trabalhar. Assim, a par das demandas específicas geradas pelo grande comércio, apareciam as necessidades da população, formuladoras de um mercado local. Muito dele com fundas raízes no passado colonial. Um comércio numeroso de bares, armazéns e casas de materiais de construção. Um pequeno comércio, fixo e ambulante, que envolvia das quitandas às gamelas. Uma indústria simples, de unidades de médio e pequeno porte, que fabricava do gelo ao sabão. Um artesanato de amplo espectro que produzia ou consertava das portas das casas aos sapatos.

E o serviço doméstico, a grande base do emprego feminino, indispensável à reprodução do ócio dos grupos dominantes.

A cidade com uma estrutura produtiva montada em setores diversos, a requerer muitas funções e habilidades, favorecia o desenvolvimento de uma ordem social mais aberta, oferecendo um amplo leque de oportunidades.[3] Sendo os negros majoritários demograficamente, muitos deles, livres, puderam assegurar uma considerável proporção de controle direto sobre os seus meios de produção, nas oficinas, no artesanato, na construção civil, no pequeno comércio e nos serviços de ganho. Mais ainda, muitos grupos com base na afiliação étnica, na categoria racial ou no parentesco – como, por exemplo, os cantos e a estiva – já

---

[3] Mattoso, Kátia M. de Queirós. *Bahia Século XIX*. Uma Província no Império. Rio de Janeiro: Editora Nova Fronteira, 1992, pp.124-125.

detinham "fatias", verdadeiros monopólios do mercado simples de necessidades locais e mesmo extra-regionais.⁴ Vale lembrar que embora a escravidão permanecesse como a base do trabalho na sociedade, ela era em grande parte de ganho ou aluguel.⁵ Escravos sob controle, mas com certa capacidade de circular pela cidade, auferir rendimentos, contatar com grupos diferenciados e avançar para a liberdade.⁶

Outro aspecto fundamental a ser considerado é que Salvador não sofreu nenhuma alteração significativa na sua estrutura demográfica. Permanecia como a mais negra das cidades brasileiras. O desenvolvimento da lavoura cacaueira a partir dos fins do século XIX, atraindo grandes levas, poupou Salvador de receber os imigrantes das zonas rurais do estado. E, por outro lado, o contingente de estrangeiros que aportou na cidade foi mínimo, jamais chegando a 1% de sua população, sendo assim incapaz de alterar a sua composição demográfica. Portanto, em nenhum momento na Primeira República os pretos e mestiços foram deslocados, pela presença de novos grupos na cidade, das posições que ocupavam no mercado de trabalho.

Portanto, poderia ser admitido que os negros tinham condições, não obstante o passado escravista, favoráveis à sua participação e ascensão na sociedade e no mundo do trabalho em Sal-

---

⁴ Sobre os cantos, ver: Querino, Manuel. *A raça africana e os seus costumes*. Salvador: Livraria Progresso Editora, 1955, pp. 87-89. Reis, João José. A greve negra de 1857. *Revista USP*. Dossiê Brasil/África. nº 18. São Paulo, USP, jun/jul/ago, 1993, pp.6-29. Sobre a estiva, ver: Coelho, Heliogábalo Pinto. *O histórico da estiva*. Um relato de 1912 até os dias atuais. Salvador: Sindicato dos Estivadores e Trabalhadores em Estiva e Minérios em Salvador e Simões Filho, 1986. Maraux, Amélia. *Mar negro*. Um estudo sobre os estivadores de Salvador. 1930-1950. Salvador: Monografia de conclusão do curso de graduação em Ciências Sociais, 1993.
⁵ Em relação ao escravo de ganho ou aluguel, ver: Andrade, Maria José de Souza. *A mão de obra escrava em Salvador*. 1811-1860. São Paulo: Corrupio; Brasília: CNPq, 1988. Mattoso, Kátia de Queiroz. *Ser escravo no Brasil*. São Paulo: Brasiliense, 1981. e *Bahia*: A cidade do Salvador e seu mercado no século XIX. São Paulo: Hucitec; Salvador: Secretaria Municipal de Educação e Cultura, 1978.
⁶ Sobre a vida dos libertos em Salvador, ver: Oliveira, Maria Inês Côrtes de. *O liberto*. O seu mundo e os outros. (Salvador, 1790/1890) São Paulo: Corrupio; Brasília: CNPq, 1988. Verger, Pierre. *Os libertos*. Sete Caminhos na Liberdade de Escravos da Bahia no Século XIX. São Paulo: Corrupio, 1992.

vador, com a Abolição e o advento da República. Porém, a história não foi apenas essa.

A sociedade baiana não queria mudanças no seu multissecular sistema de valores e práticas. Salvador em 1872 tinha 16.468 escravos para 112.641 homens e mulheres livres. Já em 1884, possuía no máximo 5.000 escravos.[7] Entretanto, permanecia como um bastião da resistência escravista. Luis Anselmo da Fonseca, em seu trabalho-depoimento, às vésperas da Abolição, diz que é na Bahia, excetuando o Maranhão, onde

> *"tem o Abolicionismo encontrado maiores obstáculos para levar avante suas generosas aspirações, nem onde tenha tido menor desenvolvimento extensivo. Nesta província o espírito público habituou-se a curvar-se submisso à voz prepotente da nobreza, a respeitar os seus privilégios e a considerar seus desarrazoados interesses mais sagrados do que os legítimos interesses da collectividade social. Essa nobreza divide-se em dois grupos: nobreza saccarina (saccarocracia) e nobreza mercantil (chrysocracia)."*[8]

Pode ser vislumbrado a partir do seu testemunho, em relação ao caso de Salvador, que os privilégios e interesses da nobreza eram de ordem econômica. Ou seja, existiam interesses citadinos na preservação da escravidão na ordem rural. Identidade lógica, é verdade, na medida em que prosperava uma confluência de capitais empregados ou emprestados pelos comerciantes aos "barões do açúcar".[9] Mais ainda, existiam interesses dos comerciantes diretamente vinculados à economia da cidade: a presença do escravo implicava a desvalorização da mão-de-obra livre, permitindo a manutenção de baixos níveis de remuneração.

---

[7] Fala com que o Exmo. Sr. Desembargador Aurélio Ferreira Espinheira abriu a 2ª sessão da 27ª Legislatura da Assembléia Legislativa Provincial, no dia 3 de abril de 1889. Bahia: Typographia da Gazeta da Bahia, 1889, p. 118.

[8] Fonseca, Luis Anselmo da. *A escravidão, o clero e o abolicionismo.* (Edição facsimilar de 1887) Recife: Fundação Joaquim Nabuco/Editora Massangana. Brasília: CNPq, 1988, p.135.

[9] Rosado, Rita de Cássia Santana de Carvalho. *O porto de Salvador.* Modernização em Projeto – 1850-1891. Salvador: Dissertação de Mestrado em Ciências Sociais da UFBA,1983, p. 59.

Os aspectos citados são consideráveis, entretanto, limitados na explicação da defesa e preservação do sistema escravista. O que ganhou realce foi o sentido político da manutenção da escravidão, a envolver quase todos os segmentos da sociedade. Primeiro, o escravo evidenciava a condição inferior, degradada do negro, através da base originária de sua presença na sociedade. Indicava a desigualdade entre os grupos raciais, com definidos padrões de discriminação, estabelecendo a inequívoca relação entre a escravidão e o "sangue negro". Segundo, o fim da escravidão poderia desvalorizar as alforrias e emancipações, rompendo os padrões paternalistas e vínculos pessoais. Terceiro, a escravidão alimentava as divisões entre libertos e escravos, africanos e crioulos.

O movimento abolicionista em Salvador não ganhou maior consistência e ousadia, como em outras partes do país. O fim do sistema escravista estava próximo, mas os grupos dominantes tentariam estendê-lo ao máximo.

Desde a década de 1850 do século XIX, com a Lei de Terras e o fim do tráfico de escravos, ganhou impulso a questão da imigração estrangeira. Tanto o governo quanto os proprietários de terras eram inteiramente favoráveis ao desencadeamento de uma política de colonização com estrangeiros na Bahia. Entretanto, o diminuto contingente estrangeiro introduzido na província foi deliberadamente direcionado para áreas distantes da região açucareira onde se localizava a suposta crise de mão-de-obra. E muito menos para Salvador.[10]

Porém, o que permaneceu durante a derrocada do trabalho escravo foi o desejo da "consagração definitiva dos grandes elementos da civilização", marcando a inferioridade dos nacionais e a respectiva desvalorização da mão-de-obra existente na província. A representação da Presidência da Província à Princesa Isabel, em 1887, requerendo recursos para a implementação da imigração estrangeira, dizia que

---

[10] Sobre a imigração estrangeira na Bahia, ver: Lyra, Henrique Jorge B. *Colônias e Colonos na Bahia 1850-1889*. Salvador: Dissertação de Mestrado em Ciências Sociais, 1981.

> *"não devemos esperar que desapareça o último escravo para tratar de substituir o braço agrícola e prover o nosso vasto e fértil território com trabalhadores inteligentes e laboriosos."*[11]

A reação ao fim da escravidão, numa cidade onde já predominava o trabalho livre, e o desejo de imigrantes estrangeiros – para terras virgens e distantes – na afirmação expressa da civilidade, inteligência e labor do europeu, branco, eram marcas de uma sociedade que antevia a mudança sem transformação.

No momento em que se rompeu a polaridade senhor-escravo com a Abolição, numa sociedade que não queria mudar, que mitificava o passado, a questão para os grupos dominantes era o que fazer do negro livre.

Salvador não modificou a sua economia na Primeira República, permanecia tendo no comércio de exportação de produtos agrícolas para o mercado internacional o seu setor hegemônico. Evidentemente, inexistia, por parte dos grandes comerciantes de importação e exportação, dos proprietários da oligarquia local, a base de poder da economia local, qualquer interesse em alterar a estrutura de produção vigente. Permanecia um sistema norteado fundamentalmente pelas relações pessoais e não contratuais.[12] Isso significava precipuamente que a alocação de tarefas ocupacionais seria ainda governada por costumes ou normas tradicionalmente estabelecidas, tendo por base mais a "atribuição" do que a "aquisição ou desempenho." Tal perspectiva ficou explícita no regimento da Sociedade Treze de Maio, única iniciativa desenvolvida pelo "mundo dos brancos" após a Abolição em relação aos negros:

> *"2o. Fornecer-lhes collocação útil, entendendo-se com as pessoas que precisarem dos serviços d' elles e deixando entre uns e outros a plena liberdade para regularem a retribuição do serviço e fazendo intervir no caso de menor edade, a autoridade competente."*[13]

---

[11] Fala com que o Dr. João Capistrano Bandeira de Mello, Presidente da Província abriu a 2ª sessão da 26ª Legislatura da Assembléia Legislativa Provincial no dia 4 de outubro de 1887. Bahia: Typographia da Gazeta da Bahia, p.143

[12] Pinto, L. A. Costa. *Recôncavo*. Laboratório de uma experiência humana. Rio de Janeiro: Centro Latino-Americano de Pesquisas em Ciências Sociais, 1958, p. 112.

[13] Diário da Bahia, 26/05/1888, p. 1.

Qual seria a capacidade de negociação de indivíduos egressos da escravidão? Muito pouca ou nenhuma. Mas, para manter tal situação, tornava-se indispensável elaborar outras estratégias.

Para os grupos dominantes, sendo os negros majoritários na sociedade e como trabalhadores, com exemplos assustadores de revoltas no passado, escamotear a questão racial seria um mecanismo eficaz para impedir a organização societária dos não-brancos. Vale salientar que, com a República e o seu ideário liberal, todos tornaram-se cidadãos, com a equivalência jurídica de todos os indivíduos.[14] Assim, a partir daquele momento o negro teria direitos e deveres como qualquer um perante a lei e a sociedade, devendo a sua condição de igual ser resguardada por todos, integrando-se perfeitamente à ordem social. Caía como uma luva nas mãos dos grupos dominantes baianos: negros e brancos, todos eram iguais na sociedade baiana. Começou a ser formulado o discurso assimilacionista da harmonia e da igualdade entre as raças. Assim, quando em 1919, uma determinada facção política promoveu um "meeting" de protesto em relação ao voto de Epitácio Pessoa, a favor da desigualdade das raças, na Conferência de Paris, um lídimo representante dos grupos dominantes (Ernesto Simões Filho) enviou uma carta à Liga Patriótica da Mocidade, onde dizia:

> *"É a essa formosa tradição de inquebrantável harmonia na família brasileira, que o voto do embaixador do Brasil na conferência de Paris, de súbito, brutalmente contraria, repudia e despreza. Tome a Liga Patriótica da Mocidade a iniciativa de juntar os protestos da Bahia, berço dos negros Montezuma e Rebouças e de uma porção de gloriosos estadistas mestiços, aos de uma Nação inteira justamente indignada."*[15]

Neste mesmo período, eram incentivadas reuniões populares para o protesto contra a situação racial norte-americana, terminando os comícios com grandes *"vivas a Bahia proletária"*.[16]

---

[14] Sobre a República, sua ideologia e prática, ver: Carvalho, José Murilo de. *Os Bestializados*. O Rio de Janeiro e a República que não foi. São Paulo: Companhia das Letras, 1987.
[15] A Tarde, 13/07/1919, p. 2.
[16] A Tarde, 18/08/1919, p. 2.

Entretanto, para manter a ordem vigente, sem alteração nas posições ocupadas, tornava-se indispensável para os grupos dominantes afirmar a supremacia dos brancos e a inferioridade dos ex-escravos.[17] Enfim, justificar ideologicamente as condutas desenvolvidas em relação à questão racial em Salvador. Em levantamento efetivado nos jornais da época, emanou um discurso esclarecedor da posição dos grupos dominantes em relação ao negro. Era construída uma série de imagens, aparentemente dispersas no tempo e espaço, de certa forma fragmentadas, no entanto, constitutivas de um quadro coerente e nitidamente negativo da condição de ser negro em Salvador. Não havia afirmação em nenhum instante de conflito racial, nem tampouco avaliação das relações entre negros e brancos, mas sim uma perspectiva estigmatizante em relação ao negro. O negro era o outro inferior e incivilizado, em relação ao branco, superior e portador dos padrões civilizatórios europeus. Evidentemente, sem pensar em homogeneidade na categoria negro nos jornais de Salvador, a sua participação temática, majoritariamente, enquadrou-se nos seguintes âmbitos:

1) A questão das raças
No plano histórico, o negro era entendido como inferior:

"O contato das raças inferiores com as que são mais cultas sempre desmoraliza e deprava a umas e outras. É claro que negros e indios não podem ser sinão a occasião de desdens e de ódios que gera o escarneo dos superiores." (Correio de Notícias, *30/04/1900, p.2*)

Enfatizando a sua condição social, quando Salvador Araujo foi esbofeteado por um preto:

"Todos os que se achavam e presenciavam o facto o atribuíram a imprudência e a falta de juízo do dito Salvador, pois não se dá a respeito e vive mettido sempre com tal gente." (A Bahia, *15/02/1911, p. 4)*

---

[17] Sobre as teorias do racismo científico e sua adaptação no Brasil, ver: Skidmore, Thomas E. Raça: uma questão que persiste. In: *O Brasil visto de fora*. Rio de Janeiro: Paz e Terra ,1994, pp. 114-115.

Distinguindo o mestiço, pois a sua aproximação fenotípica do branco o diferenciava do preto. Por exemplo, José do Patrocínio era um mestiço, cujos *"lábios sinão finos não muito grossos, não tinha, nem pela cor, nem pelos outros signaes, as características da raça negra"* (*Jornal de Notícias*, 17/05/1913, p. 2).

2) A violência
As notícias coligidas concentram-se em ações violentas entre não-brancos e indivíduos da mesma categoria social. Casos como a briga entre os ganhadores Antonio Alves, preto, e o mestiço Raphael dos Santos (*A Tarde*, 12/12/1923, p. 4). Ou a luta entre as comadres Felizarda e Maria Praxedes,

> *"após desavisarem em um samba", terminando com a primeira recebendo "garrafada que produziu-lhe um longo golpe, no lábio superior, separando-o, quasi totalmente em duas partes."* (Correio de Notícias, *10/10/1898, p. 2*)

3) A criminalidade
Em grande parte restringida a furtos e desordens. Um caso de certa forma singular foi o de Hermilia, criada do negociante Silvino Lacerda, que tentou envenenar a família do patrão. (*A Bahia*, 08/12/1909, p. 4).

4) A desorganização familiar
O relato de brigas entre marido e mulher, como o caso de Maria Francisca, cujo marido, Cantídio de Jesus, tentou atear fogo a suas vestes. (*Jornal de Notícias*, 22/12/1923, p. 4).
Agressão à criança:

> *"Tibúrcio embreaga-se frequentemente e, quando começa a espancar a filha, tranca-se a chave para que os vizinhos não o interrompam na sua triste e deplorável faina."*(A Bahia, *29/11/1911, p. 2*)

O abandono familiar: Duas crianças morrem carbonizadas.

> *"As pobres creanças, uma de 7 e outra de 5 annos de edade, tinham sido deixadas trancadas em casa por Theolina, que sahira*

para um samba, enquanto se dava a desoladora occorrencia" (Diário da Bahia, *12/01/1892, p. 4*)

5) O preto e seus desejos imorais
Estupro:

"Leitor attento, quereis saber quem depois de violentar a infeliz estrangeira que jazia per inde ac cadaver, e declarou em Juizo tal – visto com a bolsa quando entrou em sua casa, e donde tirara a sua vista os 20$000 que lho's entregara? Oh! ... é o creoulo Damião Balbino da Piedade, solteiro, com tenda de barbeiro na Ribeira de Itapajipe !!!" (Diário da Bahia, *22/06/1892, p. 2*)

Degenerado sexual:

"O preto Marciano de tal, conhecido por Maromba, individuo perverso e degenerado, escapou hontem de ser linchado. Acompanhando a menina Clarice, de 6 annos de edade, que lhe fora confiada pela mãe desta, Feliciana, para acompanha-la a residencia de ambas à Ilha dos Ratos, Marciano tentou prolestar a creança." (A Tarde, *21/11/1923, p. 5*)

6) A barbárie africana
São encontradas em várias crônicas a análise da situação africana, enfatizando o seu atraso em relação à civilização européia. Em uma delas, com o título "Njembe" é demonstrado que *"tres mil annos! Tal é o mínimo a dianteira da raça branca sobre a negra."* (A Bahia, 17/03/1911, p. 3)

7) Os candomblés
Nenhum tema em termos quantitativos equipara-se à questão dos candomblés. Inúmeras descrições evidenciando os seus objetos e rituais exóticos, as cenas indecorosas e o transtorno da ordem pública. Feitiçaria, magia, curandeirismo. A necessidade de extirpá-los da sociedade. Enfim, os candomblés eram entendidos como um espetáculo vergonhoso de atraso numa so-

ciedade que pretendia civilizar-se. Exaustivo levantamento sobre o assunto foi realizado por Júlio Braga e Angela Luhning.[18]

Portanto, embora seja uma leitura linear e simplificada, a requerer aprofundamento e estudo específico, ela permite a conjetura que o discurso assimilacionista da igualdade racial era consonante com a ordem jurídica instalada e sobretudo impedia o despertar de formas de organização, com base no critério racial, no seio da população não-branca, mas, de forma simultânea, desqualificava-se o negro, através da construção de atributos, a partir da vivência, das práticas, do cotidiano dos negros pobres de Salvador, tornados naturais, a caracterizar negativamente a sua situação. O quadro geral apresentava um negro atrasado, sem qualidades físicas, violento, criminoso, sem família organizada, degenerado sexualmente, feiticeiro, enfim, atributos que configuravam a sua condição desigual e inferior na sociedade.

Por que os não-brancos aceitaram essa representação – e mesmo a reproduziram – que confiscava a virtual possibilidade de uma identidade racial dos homens livres na nova ordem social? Seria apenas uma criação arbitrária do "olhar superior" dos brancos, o enunciado de uma possível ascensão para todos – em geral irrealizável e muitas vezes impensada – e, ao mesmo tempo, a sacralização do lugar inferior do negro?

Em verdade, a representação instituída tinha uma conexão direta com as divisões e diferenciações vivenciadas pelos descendentes de escravos que chegaram à República. Primeiro, porque a ascensão dos mestiços, mínima, mas realizada e realizável, era um dado visível. Segundo, porque estava entranhada ainda em todos os poros a escravidão, marcada pelo estatuto social e cultural diferenciado de libertos e escravos, crioulos e africanos, brancos e pretos. Mais ainda, as diversas categorias profissionais entre os não-brancos afirmavam-se historicamente como um marco da sua heterogeneidade.

---

[18] Braga, Júlio. *Na gamela do feitiço*. Repressão e Resistência nos Candomblés da Bahia. Salvador: EDUFBA, 1995 e Luhning, Angela. Acabe com este Santo, Pedrito vem aí. *Revista USP*. Dossiê Povo-Negro 300 anos. São Paulo: USP, nº 28, dez./jan./fev. 95-96, pp. 194-220.

Com tais propriedades, o racismo em Salvador, antes que coletivo e aberto, seria um racismo individualizado, sendo o preconceito e a discriminação desenvolvidos consoante as circunstâncias, sem romper o pressuposto generalizado da igualdade racial.

Com esse quadro introdutório geral, onde se aliavam aspectos favoráveis e desfavoráveis na sua trajetória, o que aconteceu com os negros no mundo do trabalho e na sua participação na acumulação da riqueza após a Abolição em Salvador?

I - As fontes

Este estudo nasceu da constatação de que, excetuando a bibliografia clássica sobre a participação do negro no mundo da cultura, notadamente no âmbito religioso, e os trabalhos de época de Donald Pierson,[19] elaborado na década de 1930 e o de Thales de Azevedo[20] nos inícios da década de 1950, inexistiam títulos versando sobre a presença do negro na economia e sociedade de Salvador, após a Abolição e nas décadas seguintes.

Exprimia tal situação o que estudiosos sobre a questão do negro, como Sidney Chalhoub e Carlos Hasenbalg, já haviam ressaltado em seus trabalhos, ou seja, que a carência de estudos sobre o negro após a Abolição e no período da Primeira República, entre outras causas, devia-se à dificuldade do levantamento da documentação adequada, tendo em vista a omissão do registro sobre cor nos censos demográficos de 1900 e 1920.[21] Carlos Hasenbalg vai além ao dizer que a ausência de tais dados nos censos "tornam praticamente impossível montar o quadro completo do processo

---

[19] Pierson, Donald. *Brancos e pretos na Bahia*: estudo de contacto racial. 2ª ed. São Paulo: Editora Nacional, 1971.
[20] Azevedo, Thales. *As elites de cor numa cidade brasileira*. Um estudo de ascensão social & Classes Sociais e Grupos de Prestígio. Salvador: Empresa Gráfica da Bahia-EDUFBA, 1996.
[21] Chalhoub, Sidney. *Trabalho, lar e botequim*. O cotidiano dos trabalhadores no Rio de Janeiro da Belle Époque. São Paulo: Brasiliense, 1986, p.51. Hasenbalg, Carlos. O negro na indústria: proletarização tardia e desigual. In: Silva, Nelson do Valle e Hasenbalg, Carlos. *Relações raciais no Brasil contemporâneo*. Rio de Janeiro: Nova Fronteira, 1992, pp. 101-102.

de reacomodação de negros e mulatos no mercado de trabalho nas décadas posteriores à abolição".[22] Entretanto, este mesmo autor, em outro artigo, afirma que não obstante essa falta irreparável, nem tudo estava perdido, uma vez que outras fontes poderiam ser utilizadas na tentativa de compreensão das desigualdades raciais no período em questão no Brasil.[23]

Parti então para um amplo trabalho de "garimpagem": na bibliografia sobre o período, nas Falas dos Presidentes da Província e Governadores, nos Mapas de Cadáveres, na documentação judiciária e nos jornais da época. Da documentação contida no Arquivo Municipal de Salvador, Instituto Histórico e Geográfico da Bahia e Arquivo Público do Estado da Bahia, cedo constatei que um tipo de material ganhava relce diante de tantas fontes esparsas: os Testamentos, Inventários e Processos de Arrecadação armazenados na Seção Judiciária do Arquivo Público do Estado da Bahia (APEBa).

Os documentos coligidos[24] – Testamentos, Inventários e Processos de Arrecadação – no período de 1889 a 1919, uma pequena amostra do existente na instituição, apresentaram a seguinte distribuição por nacionalidade e cor:

Nação e cor	Testamento	Inventário	Proc. de arrecadação	Testamento e inventário	Total
Africano	23	47	25	26	121
Preto	4	78	14	-	96
Pardo	-	118	12	-	130
Branco Nacional	8	210	16	38	272
Branco Estrangeiro	33	114	29	40	216

Vale ressaltar que dos 835 documentos pesquisados, não foi encontrada a ocupação de 283 pessoas e, por sua vez, não aparecia o patrimônio de 148 indivíduos. Porém, em nenhum dos

---

[22] Hasenbalg, Carlos. op. cit. p. 104.
[23] Hasenbalg, Carlos. A pesquisa das desigualdades raciais no Brasil. In: Silva, Nelson do Valle e Hasenbalg, Carlos. op. cit. p. 13.
[24] A investigação foi realizada com o apoio financeiro da Fundação Ford. O trabalho de campo foi realizado pelo autor e pela pesquisadora Naiaranize Pinheiro da Silva.

casos as categorias ocupação e patrimônio foram desconhecidas simultaneamente.

Kátia Mattoso, ao tratar das fortunas baianas no século XIX, tece, de forma didática, um conjunto de considerações em relação ao nível de abrangência das citadas séries de documentos (Mattoso, 1992).

Os Testamentos, segundo a autora em questão, são *"espelhos da história muitas vezes comovente de seus autores, de preocupações com o passado e temores em relação ao futuro"*, porém não se constituíam em costume generalizado da população.[25] Em relação ao período da nossa pesquisa, o seu número é ainda menor, provavelmente em função da transformação do significado da morte.[26]

Os Inventários e os Processos de Arrecadação dizem respeito a pessoas que falecem possuindo bens. No primeiro caso, existem herdeiros e no segundo os bens passam às mãos do Estado. Kátia Mattoso revela a maior abrangência desses documentos se comparados aos Testamentos, sobremodo no final do século XIX, devido ao interesse do Estado em torná-los obrigatórios, em função dos recursos auferidos pelo pagamento dos impostos e taxas de sucessão. É evidente que isso proporciona maior rigor, com ênfase na contabilização dos bens. Entretanto, ela não descarta a possibilidade de pessoas com bens morrerem sem que o respectivo Inventário fosse feito.[27] No período de nossa abordagem, o número de Inventários é muito mais amplo que no século XIX, porém, o mesmo fenômeno apontado por ela permanece.

Um componente é adicionado nesta pesquisa em relação aos aspectos aventados. Após a Abolição, e sobretudo com o advento da República, torna-se em grande parte ausente a categoria cor nos documentos públicos. Governo, legisladores e população em geral, todos juntos ou separadamente, em maior ou menor proporção, esposando o racialismo embranquecedor vi-

---

[25] Mattoso, Kátia M. de Queirós. Bahia. op. cit. 1992, p. 603.
[26] Sobre a mudança do significado da morte, ver: Reis, João José. *A morte é uma festa*. Ritos fúnebres e revolta popular no Brasil do século XIX. São Paulo: Companhia das Letras, 1991.
[27] Mattoso, Kátia M. de Queirós. op. cit. 1992, pp. 603-604.

gente, escamoteiam a realidade racial da cidade mais negra do Brasil. Assim, do material efetivamente pesquisado, o coligido contendo a categoria cor representa apenas 10% a 20% dos Testamentos, Inventários e Processos de Arrecadação existentes no Arquivo Público do Estado da Bahia.

A cidade do Salvador tinha, em 1872, 108.138 habitantes e em 1940 atingiria 290.000 pessoas. Estima-se que Salvador teria por volta de 200.000 habitantes em 1900. Por sua vez, possuía em 1872 uma população de 68,9% de não-brancos e em 1940 eles ainda permaneciam majoritários com 64,9% dos habitantes da cidade.[28] Portanto, embora o censo de 1920 não contenha a categoria cor, pode ser especulado, a partir de tais dados, que Salvador nas décadas seguintes à Abolição não sofreu transformações na sua composição demográfica-racial. Por sua vez, os dados da amostra pesquisada revelam a alta proporção de brancos, com o percentual de 58,4% dos indivíduos. Vale ressaltar que os africanos e os brancos estrangeiros estão super-representados em relação a sua participação demográfica na cidade do Salvador. Os africanos, com 121 indivíduos (representando quase 15% da amostra), que presumivelmente não passavam de 2.000 almas após a Abolição; e os 216 estrangeiros brancos (representando mais de 25% da amostra) que de acordo com o censo de 1920 possuíam um contingente de apenas 7.763 indivíduos em Salvador.[29]

É preciso considerar ainda que os dados não permitem avaliar a magnitude do sistema econômico, o potencial do mercado de trabalho da cidade, com os respectivos níveis de emprego e desemprego, nem tampouco uma compreensão mais nítida das relações de trabalho. Vale salientar ainda que os Inventários e Testamentos são incapazes de mostrar a mobilidade ocupacional da população trabalhadora de Salvador. Em verdade eles designavam a ocupação estabelecida pelo testador ou a família no momento do óbito. Somente para mostrar a sua limitação, o caso

---

[28] Recenseamento de 1872 e IBGE Censo de 1940.
[29] Excetuando um argentino e um árabe, os estrangeiros em sua totalidade são europeus brancos: portugueses (163), italianos (18), espanhóis (13), franceses (7), alemães (7), ingleses (4) e suíços (2).

de Elysio Manoel de Santana, nascido em 1º de dezembro de 1891, é exemplar: ele foi tanoeiro, barbeiro, possuiu tenda, vendeu peixe e depois tornou-se alfaiate.[30]

Portanto, de uma forma geral, os dados obtidos são restritivos por seu limitado nível de abrangência, ou inteiramente desproporcionais em relação à composição demográfica-racial de Salvador. Vale salientar um aspecto em relação ao patrimônio. Segundo Katia Mattoso, a partir de 1860, somente aqueles que possuíam valores superiores a 50:100$000 de réis estavam no rol dos ricos da cidade. Mais, eram valores que diziam respeito a toda Bahia e não a Salvador, o centro do poder político e econômico da província.[31] Portanto, tendo em vista tal circunstância e considerando-se a provável mudança temporal dos valores das fortunas, estabeleceremos arbitrariamente os valores acima de 50:100$000 de réis como o grupo de indivíduos possuidores de pequenas fortunas. E entenderemos acima de 200:100$000 de réis o grupo de indivíduos incluídos no rol dos realmente ricos da cidade. Assim, embora considerando Salvador de uma forma geral uma cidade pobre, não pretendemos estabelecer qualquer análise sobre as condições de vida da população, mas tão somente, a partir dos dados coletados, traçar comparações dos níveis de acumulação de riqueza entre os grupos raciais.

Para os propósitos do trabalho, vários são os aspectos positivos da citada documentação. Primeiro, ela é uma das poucas coleções organizadas e seqüenciadas existentes sobre o período em Salvador. Segundo, os seus dados envolvem todas as camadas sociais, podendo ser considerada uma representação, mesmo precária, da composição social da cidade. Terceiro, é a única documentação existente no período que apresenta conjuntamente a cor com as categorias ocupação e patrimônio. Evidentemente tais elementos justificam plenamente, de forma preliminar, a sua utilização como base para a compreensão da situação dos grupos raciais no mercado de trabalho e na acumulação da riqueza na sociedade.

---

[30] APEBa. Processos Judiciais, 1918.
[31] Mattoso, Kátia M. de Queirós. op. cit., p. 615.

Neste trabalho entende-se a cor como a categoria racial central brasileira.[32] Para os indivíduos de cor branca e preta a classificação é explícita; entretanto, o alto nível de miscigenação de nossa sociedade revela uma categoria intermediária com numerosas gradações, refletidas na quantidade de rótulos relativos à cor da pele, o que impossibilita a fixação de linhas nítidas de demarcação. Assim, a classificação se opera a partir do eixo básico, a cor, acrescida de outros elementos fenotípicos, como a textura do cabelo e também de qualidades socioculturais, que vão da origem familiar, categoria profissional, situação econômica, escolaridade, até o estilo de vida. Isso permite indivíduos de "cores intermediárias" poderem até mesmo "passar" por brancos. E será esse caráter multirracial presente na sociedade brasileira, e agudizado em Salvador, que tornará as relações raciais em nosso país muito mais complexas do que em outras sociedades. Interpretá-las dentro de uma polarização branco/negro apresenta limitações. Primeiro, do ponto de vista da identidade individual e social muitos pardos ou mestiços não se consideram e não são considerados negros. Segundo, os mestiços, consoante o período e o local, apresentam, em maior ou menor volume, diferenciações econômicas e sociais em relação aos pretos. Evidentemente essa nomenclatura racial, importante na compreensão da realidade social, estará, quando necessário, presente neste trabalho.

Com tais considerações prévias, entramos no trabalho propriamente dito, com uma etnografia dos setores econômicos e a forma de participação dos grupos raciais na Primeira República.

II - Cor, Trabalho e Riqueza em Salvador

II.1. Setor Primário

Salvador, embora com funções e características essencialmente urbanas desde a sua formação, possuía na Primeira República expressiva área voltada para a atividade primária. A ausência de expansão dos serviços urbanos determinou que as

---

[32] Sobre a construção da categoria raça, ver: Guimarães, Antonio Sérgio Alfredo. Raça, racismo e grupos de cor no Brasil. *Estudos Afro-Asiáticos*. Rio de Janeiro: Centro de Estudos Afro-Asiáticos, nº 27, abril de 1995, pp. 45-63.

freguesias periféricas, como Brotas, Santo Antônio, Vitória, Mares e Penha tivessem grandes manchas verdes, como hortas, chácaras e mesmo fazendas, quando não mata virgem. *"Em 1896/1897, por exemplo, 100 ha da área urbana eram ocupados por hortas."*[33] Existia, portanto, uma imbricação entre as atividades rurais e o meio urbano. Por exemplo, o português José Vieira Borges, em 1903, possuía um estábulo de vacas no Canela.[34] Isso dava lugar a situações como a ocorrida, em 1907, na Calçada:

> *"A sra. Maria da Piedade dos Santos, vendedora ambulante, hontem a tarde, ao passar pela calçada do Bonfim, foi atroppelada por um rebanho de carneiros, um dos quaes deu-lhe forte marrada, prostando-a por terra."*[35]

Evidentemente no decorrer dos anos a extensão deve ter diminuído, porém muitas hortas e chácaras adentraram os anos 1930, e mesmo posteriormente, no núcleo urbano de Salvador. A permanência das roças e hortas podia em parte ser explicada pela carência permanente de produtos para o abastecimento alimentar da população. Frutas, verduras, legumes, ovos, leite, milho, feijão, tinham destino certo nos mercados e ruas da cidade ou mesmo no próprio local da produção. Casos como o do africano Adriano que, em 1898, vendia aipins em sua própria morada no Rio Vermelho.[36] Ou do crioulo Marcolino Felisberto de Almeida, que possuía, em 1892,

> *"uma estribaria, com manjedoura, uma plantação de capim, bananeiras e araçaseiro, pequeno canavial e outros frutos, uma cabra e uma leiteira."* [37]

Outra importante atividade primária era a pesca, o meio de vida da gente que habitava do Rio Vermelho a Itapuã. Pessoas que moravam junto ao mar; pescando para a sua subsistência

---

[33] Santos, Mário Augusto da Silva. *Sobrevivência e tensões sociais.* Salvador. 1890-1930. São Paulo: Tese de Doutoramento na USP, 1982, p. 38.
[34] *Diário de Notícias*, 30/10/1903, p. 3.
[35] *Diário de Notícias*, 09/01/1907, p. 2.
[36] *Correio de Notícias*,18/05/1898, p. 4.
[37] APEBa. Seção Judiciária, Inventário, Ano 1892/93, Doc. 07/3060/05.

diária e comercializando, eventualmente, os excedentes de porta em porta ou participando da pesca do xaréu (Braga, 1970). Era o peixe e seus correlatos, ao contrário de hoje, alimentação de preço mais acessível, com grande aceitação nas camadas pobres. Segundo Costa Pinto, existia perfeita simbiose entre a pesca e o comércio de transporte de mercadorias em saveiros, sendo um complementar ao outro.[38] No belo romance "Mar Morto", Jorge Amado, através de personagens como Guma, imortalizou os pescadores e mestres de saveiros da Bahia negra.[39]

Eram estas atividades importantes, mas sem maior peso na economia da cidade, requerendo pouco capital e propiciadoras de parca rentabilidade, uma vez que não favoreciam rendimentos fixos e certos, além de estarem sujeitas à sazonalidade e aos efeitos das intempéries climáticas. Comentando o censo de 1920, que definiu o setor primário ocupando 13.121 pessoas, Mário Augusto Santos diz:

> *"Possivelmente o percentual do pessoal ocupado neste setor foi mais elevado nas primeiras décadas republicanas e, após 1920 até 1930, permaneceu aproximado aos cômputos oficiais, tanto quanto se possam tomá-los como fidedignos."*[40]

Em nossa amostra foram encontrados 29 indivíduos no setor primário, nas categorias ocupacionais de lavrador (23), proprietário de terras (1), vaqueiro (1), saveirista (3) e pescador (1). Os lavradores eram a maioria, com 79,3% dos membros coligidos na amostra. O proprietário de terras, consoante o seu Inventário, tinha também atividades ligadas à pesca. Lourenço Ponciano da Silva, preto, residente em Itapoã, possuía no seu Inventário

> *"casa térrea à rua da Paz, casa térrea à rua da Matriz, casa térrea ao Largo da Matriz, a Fazenda Pitanga, 7 bois de brocha, 7 vacas, 3 garrotes, 2 bezerros, peças de corda para pescaria, 1 baleeira e seus pertences e uma fábrica para o fabrico de azeite de baleia."*[41]

---

[38] Pinto, L. A. Costa. op. cit. p. 37.
[39] Amado, Jorge. *Mar Morto*. São Paulo: Livraria Martins Editora, 1971.
[40] Santos, Mário Augusto da Silva. op. cit. p. 38.
[41] APEBa. Seção Judiciária. Inventário. Ano: 1908. Doc. 01/340/651/02.

Os não-brancos eram majoritários no setor primário, com 65% dos seus componentes, e os africanos e pretos atingiam 56,5% dos lavradores. Justifica-se assim a afirmativa em relação a Salvador, Sargento, preto, nascido em 1889, em Camisão (atual Ipirá), em entrevista ao sociólogo Vicente Deocleciano Moreira, em 1974: "*Depois de liberto, ninguém quase dava valor ao preto, ele trabalhava mesmo era na roça.*"

Atividades de gente sem grandes posses e sem maior prestígio na estrutura social da cidade. Pobres mesmo, como a preta Galdina Maria de Aleluia ou o branco Francisco Xavier Neves, que morreram deixando de pecúlio, respectivamente, 593$000 de réis e 1:638$407 de réis.[42] Portanto, de uma forma geral a participação de brancos em tais atividades devia-se ao seu virtual empobrecimento. Apenas dois não-brancos, dois brancos e um estrangeiro ao morrer possuíam mais de dez contos de réis. Dos não-brancos o maior patrimônio pertencia ao já citado Lourenço Ponciano da Silva, com o espólio líquido de 10:846$032 de réis. Entre todos os ocupados no setor primário, apenas um participante, o branco Luís Meirelles de Almeida Couto, lavrador, com propriedade no Acupe de Brotas, possuía maiores posses, atingindo no seu Inventário líquido 62:838$923 de réis.[43]

II.2. Setor Secundário

Na Bahia, como em outros grandes centros escravistas, foi o têxtil o ramo industrial mais importante.[44] Embora sendo o exemplo de uma industrialização irrealizada ou que estagnou, devido a jamais ter implicado na projeção de um novo conjunto econômico, superador do modelo agroexportador, foi nele que se aplicaram grandes somas de capital e nele estavam as maiores unidades de produção, com um número expressivo de trabalhadores.

---

[42] APEBa. Seção Judiciária, Inventário, Ano 1898, Doc.07/2886/09 e Inventário, Ano 1913, Doc. 07/2974/01.
[43] APEBa. Seção Judiciária. Inventário. Ano 1913. Doc. 01/379/731/04. Entende-se por espólio líquido a soma total dos bens (ativo) menos o passivo, ou seja, dívidas e custas judiciais.
[44] Sobre o assunto, ver: Tavares, Luís Henrique Dias. *O problema da involução industrial da Bahia.* Salvador: UFBA, 1966.

Chama a atenção a origem dos capitais e a dependência que esses empreendimentos mantinham em relação ao capital comercial. Não tivemos a transformação de comerciantes em industriais, mas antes uma "burguesia de negócios" que aplicava em vários ramos promissores – industriais, bancários, viários, agrícolas – mas que permanecia essencialmente comercial. Em síntese, conforme Mário Augusto Santos,

> *"a posição privilegiada do grande comércio em uma economia de exportação impediu que parte daquela burguesia de negócios se transformasse em um grupo burguês industrial concentrado no objetivo de acumulação de capital industrial."* [45]

Incorporou-se a esse fenômeno a fraqueza do mercado consumidor, devidamente corroborada pela concorrência da produção industrial do centro-sul, conduzindo a indústria têxtil baiana no final da Primeira República a uma situação desoladora.

Outro elemento desfavorável à indústria foi a carência de mão-de-obra. O caráter paternalista das relações de trabalho e a sua rígida e disciplinar organização fizeram com que mesmo o ex-escravo evitasse a integração no trabalho industrial. Consideravam provavelmente que as relações nele imperantes em muito se assemelhavam às relações escravistas.[46] Mais ainda, às suas atividades era conferido um sentido de degradação social, na medida em que tradicionalmente ela incorporava as "classes desamparadas": as mulheres e meninos órfãos. Por exemplo, na fábrica de tecidos Paraguassu, em 1919, havia 170 homens para 272 mulheres.[47] Segundo Mário Ferreira Barbosa, em 1923, as fábricas de tecidos tinham 6.220 operários.[48]

---

[45] Santos, Mário Augusto da Silva. op. cit. p. 42.
[46] A organização e a rígida disciplina das fábricas pode ser vista em: Pinho, Péricles Madureira de, Luís Tarquinio (1844-1903) In: *São assim os baianos*. Rio de Janeiro: Editora Fundo de Cultura, 1960, pp. 37-115.
[47] O Imparcial, 11/06/1919, p.3. O jornal apresentou uma relação nominal dos operários. A importância do trabalho feminino na indústria baiana pode ser vista em Bevilaqua, Samira. *Mulheres na indústria baiana: um estudo sobre tecelãs*. Salvador: Trabalho de conclusão do curso de graduação em Antropologia da UFBA, 1993.
[48] Barbosa, Mário Ferreira. A Bahia atravez cem annos. Notas estatísticas. *Diário de Notícias*. Edição Especial do Centenário 1823-1923, pp.157-158.

Entretanto, ainda que sem alcance geral, não se pode deixar de registrar que as indústrias têxteis foram a base embrionária de um processo de proletarização. Serão delas que emergirão expressivos movimentos das classes trabalhadoras em Salvador.[49]

À exceção do setor têxtil, entre as restantes atividades classificadas como indústria, o que tínhamos eram

> *"unidades de pequeno ou médio porte que utilizam de modo precário máquinas e energia elétrica ou unidades de produção onde o produtor direto, quer sob a forma de trabalhador autônomo, quer submetido a uma rudimentar divisão de trabalho, experimenta com seu instrumento de trabalho uma relação em que preserva o caráter de condutor de sua ferramenta de trabalho."*[50]

No primeiro caso, estavam as fábricas de bebidas, de vinagres, de gelo, de sabão, de vela. Muitas delas sem emprego assalariado, sendo muito mais empreendimentos de caráter familial. No segundo caso, estavam as atividades de cunho artesanal, realizadas individualmente ou em oficinas, com relações de trabalho em muito semelhantes às corporações medievais de mestres e aprendizes, como sapatarias, tipografias, funilarias, alfaiatarias etc. Empreendimentos como a oficina de calafate do português Manoel Gomes de Oliveira, na rua do Carmo, que, ao morrer, em 1893, deixou os seus bens para sua criada Justina Maria da Conceição e para o seu ex-escravo Veríssimo.[51]

De acordo com Mário Augusto Santos, o total de mão-de-obra da produção industrial, diga-se fábricas e unidades simples, na Primeira República, variou de *"2.000 a 10.000, não devendo ter ultrapassado 12.000 na primeira metade dos anos vinte."* [52]

A construção civil foi outra área de considerável importância na Primeira República, sobremodo por absorver expressivo contin-

---

[49] Sobre o assunto, ver: Fontes, José Raimundo. *Manifestações operárias na Bahia. O movimento grevista 1888-1930*. Salvador: Dissertação do Curso de Mestrado em Ciências Sociais da UFBA, 1982.
[50] Fundação Centro de Pesquisas e Estudos – CPE. *A inserção da Bahia na evolução nacional*. 2ª etapa: 1890-1930. Salvador: CPE, 1980, pp. 58-59.
[51] APEBa. Seção Judiciária. Inventário e Testamento. Ano 1893 Doc. 07/2892/08.
[52] Santos, Mário Augusto da Silva. op. cit. p. 54.

gente da população masculina. Além da construção e reparo de casas e sobrados residenciais, as obras municipais e estaduais, sobretudo a partir de 1912, com a abertura de ruas e avenidas, provocaram uma grande ampliação da oferta de trabalho. Neste momento, segundo Mário Augusto Santos, Salvador chegou a receber, pelo "desusado movimento de trabalho", construtores e engenheiros de fora da Bahia, até mesmo estrangeiros.[53] Embora muitas categorias ocupacionais, desde os variados tipos de ajudantes, ferreiros, encanadores, eletricistas, pudessem estar presentes na construção civil, os seus trabalhadores por excelência eram: serventes, pedreiros, pintores, carpinteiros, mestres e engenheiros.

No setor secundário tínhamos ainda o artesanato doméstico, com ocupações tipicamente femininas, notadamente nas áreas do vestuário e da doceria. Ocupado por mulheres que tinham de complementar os rendimentos da família ou prover o seu sustento básico. Vale salientar que no caso do vestuário o mercado era amplo, na medida em que a motivação crescente do universo feminino em relação à moda conduzia à ampliação das atividades ligadas a costura. Constituíam em ocupações regulares que exigiam pendores especiais, adestramento e até mesmo informações das tendências da moda européia, notadamente a francesa. Assim como na construção civil, o número de pessoas ocupadas no artesanato doméstico, seja no vestuário ou na feitura de doces, escapou inteiramente às estatísticas.

Encontramos nos jornais da época, através de editorial protestando contra um projeto de lei de um deputado estadual, um indicativo das relações de trabalho que vingavam em muitas atividades:

> *"Operário aqui, seja de que ramo for, alfaiate, pedreiro, typografho, marceneiro, de fábrica, etc., trabalho em geral, por conmta própria, isto é, trabalho de empreitada, ganhando pelo que faz, de maneira que a presteza, a agilidade, a força, a resistencia do trabalhador lhe são outros tantos preciosos auxiliares, requisitos necessários para o valor de toda e qualquer obra humana digni-*

[53] Idem, p. 66.

ficadora e útil. Eis porque nos manifestamos contra o projeto extemporâneo de ilustre senhor deputado estadual, projeto que impõe aos proprietários e gerentes de fábricas e officinas uma tabella de oito horas de trabalho por dia, prohibindo, por completo, o trabalho à noite, nessas mesmas officinas."[54]

A amostra coletada revelou a presença de 86 indivíduos no setor secundário, distribuídos em 18 categorias ocupacionais.[55] Cinco categorias, artista (35), carapina (10), operário (7), pedreiro (6), engenheiro (5), englobavam 73,2% da amostra.

Os não-brancos eram majoritários no setor secundário, perfazendo 68,6% dos seus membros. Entretanto, os africanos e pretos estavam contidos em atividades que tradicionalmente já ocupavam no período escravista. Os africanos eram artistas (4), um pedreiro e um operário, enquanto os pretos eram artistas (7), pedreiros (5), sapateiros (2) e carapinas (9). Gente como o pedreiro Luiz Romeu da Silva, crioulo, filho da escrava liberta Esperança Maria de São José.[56]

Além dessas ocupações, os pardos ou mestiços já participavam de outras atividades, como fundidor (1), funileiro (1), tipógrafo (2), costureira (2) e modista (1). Porém, eram exclusivas dos brancos e estrangeiros as ocupações que indicavam prestígio social, como industrial (2) e engenheiro (5). Os dois engenheiros estrangeiros, Herbert Redman e James Braweld, ingleses, foram vítimas de terrível fatalidade, *"morrendo no desastre do largo do Teatro Castro Alves."*[57]

De uma forma geral, os trabalhadores, fossem operários, carapinas, pedreiros, artistas, tipógrafos, não-brancos ou brancos, eram pobres. Indivíduos como Pompeu João de Freitas, preto, artista, residente à rua da Calçada, que possuía apenas *"uma casa, a rua dos Zuavos, comprada, juntamente com seu irmão*

---

[54] *Diário de Notícias*, 07/06/1911, p. 1
[55] Operário, fundidor, tipógrafo, calafate, funileiro, sapateiro, cigarreiro, ourives, dono de oficina, alfaiate, industrial, costureira, modista, artista, pedreiro, carapina, empreiteiro, engenheiro.
[56] APEBa. Seção Judiciária. Inventário. Ano 1889. Doc. 01/87/123/11.
[57] APEBa. Seção Judiciária. Inventário. Ano 1907 Doc. 01/86/122/19.

João Maria de Freitas, à africana Luisa de Mello e Matos";[58] o pardo Inácio Hermogenes Cajueiro, tipógrafo, que tinha ao morrer uma casa térrea s/n à rua do Pau Miúdo, *"arrematada em leilão por 678$000";*[59] ou o branco José Bernardo da Cunha, também tipógrafo, que morreu com o espólio líquido de 1:380$640 de réis.[60] Mesmo os engenheiros não apresentavam grande situação patrimonial, destacando-se Artur César Navarro, que deixou de espólio líquido 21:384$576 de réis.[61]

Entre os não-brancos quem possuía a melhor situação patrimonial, sem implicar em riqueza, eram dois pardos, ambos artistas. Vale ressaltar, conforme veremos, que a categoria artista guardava grande plasticidade. Tanto podia estar contida na construção civil quanto nas atividades artesanais, ser um ofício de um carapina ou de um alfaiate, ser um proprietário dos meios de produção, um autônomo ou um empregado. Alfredo Norberto Cosme, artista, possuía ao morrer

> *"tres pequenas casas sitas ao Beco do Cunha, distrito de Sant'Anna no valor de 8:160$000, uma casa na rua do Jogo do Lourenço, Nazaré, no valor de 3:000$000 e uma Caderneta da Caixa Econômica Federal no valor de 8:870$155."*[62]

Já Francisco Luís de Azevedo, embora denominado artista, era proprietário da Fundição Azevedo e Filhos na rua do Pilar, deixando ao morrer o espólio líquido de 64:920$ 000 de réis.[63]

Suplantando Francisco Luís de Azevedo, em termos patrimoniais no setor secundário, somente uma branca, proprietária de uma fábrica de sabão, uma das ricas da cidade. Maria José da Silva Ferreira, casada, com quatro filhos, residente à rua do Pilar, deixou no seu espólio a fortuna de 484:000$000 de réis.[64]

---

[58] APEBa. Seção Judiciária. Inventário. Ano 1900. Doc. 01/337/634/05.
[59] APEBa. Seção Judiciária. Inventário. Ano 1906. Doc. 01/58/68/06.
[60] APEBa. Seção Judiciária. Inventário. Ano 1901 .Doc. 01/80/110/04.
[61] APEBa. Seção Judiciária. Inventário. Ano 1905. Doc. 1/55/63/1.
[62] APEBa. Seção Judiciária. Inventário. Ano 1911. Doc. 01/360/695/01.
[63] APEBa. Seção Judiciária. Inventário. Ano 1914. Doc. 01/387/747/10.
[64] APEBa. Seção Judiciária. Inventário. Ano 1907. Doc. 01/339/648/06.

II.3. Setor Terciário

A) O comércio

A hegemonia exercida pelo comércio durante toda a vida de Salvador, fez com que a atividade, a mentalidade e o sistema de valores mercantis abrangesse todas as categorias sociais e raciais de Salvador. Entretanto, a evidência da multiplicidade de formas comerciais, implicou o delineamento de uma estratificação, com a formação de segmentos diferenciados.

O segmento mais importante, o ramo grossista, articulado aos negócios de importação e exportação, era o mais capitalizado e o que mais contribuía para gerar recursos que alimentavam a renda estadual.[65] Era dominado em grande parte pelos estrangeiros, tendo destaque os portugueses, já quase brasileiros. Porém, o segmento mais numeroso em termos de contribuintes, cobrindo mais da metade dos negócios do comércio, era aquele que se dedicava a exploração de bares, tavernas, cafés, restaurantes, armazéns de secos e molhados, açougues, lojas de tecidos e artigos de vestuário.[66] As estimativas de Mário Augusto Santos para o total destes estabelecimentos comerciais, entre 1890 e 1930, indicavam a presença de 1.400 a 1.700 empreendimentos e de 10.000 a 12.000 empregados.[67] Neste comércio sedentário estavam envolvidos, além dos vendedores (comerciários ou caixeiros), outras ocupações que iam dos ajudantes, faxineiros até os guarda-livros (atuais contabilistas).

Numa sociedade em que se importava quase tudo que se consumia, havia um grande espaço para a produção local e venda de produtos orientados para as necessidades da massa pobre e trabalhadora. Assim, ao lado do segmento das casas estabelecidas, desenvolvia-se um amplo comércio nas ruas e praças, fixo ou ambulante: verdureiros, peixeiros, fateiros, vendedores de frutas, balas e doces, cozinheiras, "as mulheres do acarajé", "os gringos da prestação" etc.

---

[65] Fundação Centro de Pesquisas e Estudos-CPE. op. cit. pp. 51-52.
[66] Idem, p. 56.
[67] Santos, Mário Augusto da Silva. op. cit. p. 72.

Comércio de pouco investimento que permitia a uma considerável parcela da população, sobretudo a negra, viver ou sobreviver. Comércio em muito lembrando as nossas raízes africanas, que muitos gostariam de apagar, como preconizava um jornalista, em 1922:

> *"Não obstante a proclamada civilização que lhe querem attribuir os louvaminheiros do sr. Seabra, a cidade continua com alguns daquelles feios aspectos coloniaes das gravuras de Rugendas, velhos costumes. De todos elles o mais desagradável sem dúvida, e um dos que mais offendem a saúde pública, é a vendagem da carne em gamellas, por negras de saias e pano da costa, tal e qual como naquelles bons tempos em que o cons. Carneiro da Rocha era ministro do Império."*[68]

Mário Augusto dos Santos estimou que em 1915 estavam trabalhando neste comércio 4.545 pessoas.[69]

Na amostra coligida estavam envolvidos com o setor comercial 172 pessoas, distribuídas em nove categorias ocupacionais.[70] Uma única categoria, a de comerciante ou negociante, englobava 86% da amostra. E da mesma, 82,4% eram brancos. Embora os negros fossem minoria, com variações, todos comerciavam, brancos e não-brancos. Por exemplo, africanos que negociavam bens que denotavam vínculos com a África e com os valores étnicos e religiosos. Assim, Victorino Santos Lima, negociante de azeite-de-dendê, ao morrer, possuía depositado no trapiche União, em 24/10/1891, *"seis ponches da marca MB que vieram de Lagos no vapor inglês Biafra"*.[71] Pardos, como Luís José de Oliveira, que tinha em seu estabelecimento no Largo da Cruz do Pascoal *"saccos de açúcar, carne seca, café e azeite de côco."*[72] Embora seja presumível a divisão racial e nacional, por tipo de atividade comercial, entretanto, de uma forma geral a carência de informações em muitos casos, impediu

---

[68] Jornal *A Tarde*, 07/01/1922, p.1.
[69] Santos, Mário Augusto da Silva, op. cit. p. 76.
[70] Comerciante ou negociante, negociante de fumo, negociante de peixe, vendedor ambulante, mascate, quitandeira, açougueiro, comerciário, guarda-livros.
[71] APEBa. Seção Judiciária. Inventário. Ano 1891 Doc. 07/2927/06.
[72] APEBa. Seção Judiciária. Inventário. Ano 1913. Doc. 01/379/731/05.

um detalhamento das diferenciações, consoante os grupos raciais, contidas na categoria comerciante ou negociante.[73]

Já as categorias que discriminavam o tipo de atividade comercial ou o produto, como negociante de fumo e de peixe, com apenas um indivíduo em cada, aparecia uma indicação da estratificação racial no campo do comércio. O negociante de fumo era o alemão Reinhard Danneman, das prestigiosas indústrias de fumo, com o nome de família, em Cachoeira e São Félix.[74] Já o negociante de peixe era um africano, em atividade que seus pares tinham tradição firmada desde o período colonial. A quitandeira e os vendedores ambulantes (5) eram africanos e pretos, enquanto os dois mascates eram árabes. Os açougueiros eram pretos (1) e pardos (2). Sobre as ocupações dos não-brancos, a folclorista Hildegardes Vianna diz um pouco sobre o seu estatuto social:

> *"Saía o menino a resmungar que porta de venda, açougue, mercado, quitanda, era ajuntamento de ganhadeiras, vendedeiras, cachaceiros, fateiras, peixeiras e o que mais houvesse. Toda esta gente cuspindo fumo negro entre os dentes, semivestida, de maneiras nada polidas, com um linguajar e modos que não constituíam o desejado pelos olhos e ouvidos de quem queria ser respeitado e acatado quando crescesse."* [75]

O mascate, também não tinha maior expressão social, era

> *"gente humilde, sem grandes vôos de ambição, namorando e casando com brasileiras pobres e sendo explorado por algum patrício sabidório."* [76]

Não havia pretos, muito menos africanos, entre os comerciários e sim um pardo, quatro brancos e três estrangeiros. Na década de 1950 de nosso século, tal situação se manteve constante:

---

[73] Thales de Azevedo ainda encontra tais divisões na década de 50 em Salvador. Ver: Azevedo, Thales de. op.cit ,1996, pp. 81-84.
[74] APEBa. Seção Judiciária. Inventário. Ano 1895 Doc. 01/2886/123/03. Os charutos Danneman.
[75] Vianna, Hildegardes. *A Bahia já foi assim.* Salvador: Editora Itapuã, 1973. p. 48.
[76] Idem, p. 79.

"A quase-totalidade dos empregados, de ambos os sexos, nas lojas das ruas mais centrais e importantes são brancos ou morenos. Mesmo nas áreas comerciais mais modestas, a situação é aproximadamente a mesma. Em cerca de 150 médias e pequenas lojas de fazendas, miudezas, artigos femininos, louças e artigos domésticos, eletricidade e ferragens, calçados, em farmácias, armazéns de gêneros alimentares, padarias, duma rua comercial freqüentada pelo operariado e pela população mais pobre, não foi vista nenhuma pessoa preta ou mulata escura nas funções de gerente, caixa ou vendedor."[77]

A discriminação racial, expressa na "boa aparência", impedia os pretos tornarem-se comerciários, afastando-os assim do contato mais direto com as camadas altas da cidade.

Já os guarda-livros, atividade requerente de instrução, qualificação específica e confiança, eram todos três estrangeiros.

Entretanto, a diferenciação entre os grupos raciais no comércio se expressava, de forma marcante, através da configuração do patrimônio.

Entre os africanos, apenas três indivíduos possuíam mais de dez contos de réis, sendo Francisco da Costa Nunes o de maior patrimônio com 12:036$000 de réis líquidos.[78] Entre os pretos somente dois negociantes tinham mais de dez contos de réis, sendo a mais aquinhoada Marciana Benvinda do Amor Divino. Negociante, solteira, com três filhas, ela possuía

> "uma casa assobradada no. 7 a rua da Fonte de Santo Antonio e uma casa a rua do Baluarte, avaliadas em 13:000$000 e uma Caderneta da Caixa Econômica Federal com 1:536$268 ... duas Cadernetas na Caixa Econômica do Estado da Bahia no valor de 4:000$000 (cada) em nome de suas filhas solteiras Agneda Maria de Jesus e Almerinda Maria de Jesus ... [possuía na] Caixa Econômica do Monte Socorro uma Caderneta, instituída em 30 de março de 1883, em nome da filha Agneda, com o saldo de 10:000$000."[79]

---

[77] Azevedo, Thales de. op. cit. 1996, p. 85.
[78] APEBa. Seção Judiciária. Inventário. Ano: 1898. Doc. 01/29/31/07.
[79] APEBa. Seção Judiciária. Inventário. Ano: 1909. Doc. 01/351/676/06.

Marciana teve no seu enterro um carro fúnebre de 1ª e quatro carros de acompanhamento. Já os pardos, embora apenas três indivíduos tivessem mais de dez contos de réis, estes possuíam patrimônios muito acima dos africanos e pretos do setor comercial: o negociante Gaudêncio José da Costa tinha no seu patrimônio líquido 30:816$000 de réis;[80] o comerciante Luís José de Oliveira possuía líquido ao morrer 34:604$179 de réis[81] e o negociante Amador Alves de Moura, casado, com três filhos, residente ao Largo do Barbalho, tinha ao falecer 19 propriedades, entre casas, terrenos e sobrados, ações, apólices variadas e dinheiro vivo, perfazendo o seu espólio líquido em 128:835$506 de réis.[82]

Os comerciantes brancos nacionais, embora 45% do seu contingente tivesse mais de dez contos de réis, também não eram, de forma geral, detentores de grandes fortunas. Eram exceções o Comendador José Ferreira Cardoso e o negociante Antonio Severiano da Costa Júnior. O primeiro era sócio da firma José Ferreira Cardoso & Cia, possuindo vários imóveis em Salvador e Alagoinhas, tendo ao morrer o espólio líquido de 201:489$947 de réis.[83] Porém, riqueza mesmo era a de Antonio Severiano, residente na rua do Jogo do Carneiro, casado, três filhos, que deixou o espólio líquido de 1.033:615$960 de réis.[84]

Em verdade, a fortuna entre os comerciantes parecia estar nas mãos dos estrangeiros. Tinham 52,8% do seu contingente com patrimônios acima de dez contos de réis e, entre os seus membros, 9 deles possuíam mais de duzentos contos de réis. Preponderavam os portugueses, como o comerciante José Joaquim de Moraes, natural da Villa de Monte Alegre, residente na Ladeira do Papagaio, Rio Vermelho, solteiro, que deixou um espólio líquido de mais de um mil contos de réis. Somente em dinheiro foi concedido no seu Testamento a parentes e amigos 452:500$000 de réis.[85] Ou o Comendador Antonio Loureiro Vianna, nascido em

---

[80] APEBa. Seção Judiciária. Inventário. Ano: 1902. Doc. 01/80/110/05.
[81] APEBa. Seção Judiciária. Inventário. Ano: 1913. Doc. 01/379/731/05.
[82] APEBa. Seção Judiciária. Inventário. Ano: 1908. Doc. 01/342/656/06.
[83] APEBa. Seção Judiciária. Inventário. Ano: 1907. Doc. 1/63/76/3.
[84] APEBa. Seção Judiciária. Inventário. Ano: 1901. Doc. 01/41/45/07.
[85] APEBa. Seção Judiciária. Testamento. Ano: 1907. Doc. 07/2951/49.

Viana do Castelo, que deixou ao morrer um patrimônio líquido de 1.272:987$572 de réis.[86] Porém, o maior patrimônio encontrado entre os estrangeiros negociantes, pertencia a George Harvey Duder, inglês, residente na Vitória, viúvo, com dois filhos, que ao morrer possuía o espólio líquido de 2.354:296$845 de réis.[87]

Excetuando os comerciantes, as restantes ocupações vinculadas ao comércio não traduziam qualquer sintoma de riqueza, sendo os indivíduos, de uma forma geral, pobres. Por exemplo, o empregado do comércio Manoel José Cardoso, branco, morreu deixando o espólio líquido de apenas 370$200 de réis[88] e o pardo Guilhermino Álvares da Costa Dórea, também caixeiro, que morava na Estrada do Cabula, possuía ao morrer 5:963$160 de réis.[89]

Apenas um caixeiro e um guarda-livros conseguiram reunir um relativo cabedal. O branco Francisco Augusto da Cunha Bittencourt, empregado em loja de ferragens na Praça do Ouro, residente no Largo da Água de Meninos, que morreu em 1908, deixando o espólio líquido de 14:619$610 de réis.[90] Porém, quem mais acumulou nestas ocupações vinculadas ao comércio foi um guarda-livros: Jerônimo Acácio de Serra Chuquere, natural de Portugal, casado, pai de duas filhas, residente no Rio Vermelho, deixou como herança o líquido de 45:000$000 de réis.[91]

B) Os serviços privados

Sendo Salvador o núcleo populacional mais denso, o pólo econômico e a sede do governo estadual, era dotada de um conjunto significativo de serviços para o atendimento de suas necessidades e para a satisfação da complexidade e inovações atinentes à vida urbana.

Entre os serviços privados estavam as atividades exercidas em instituições financeiras, companhias de água, esgotos, ilumi-

---

[86] APEBa. Seção Judiciária. Inventário e Testamento. Ano: 1897. Doc. 01/331/632/01.
[87] APEBa. Seção Judiciária. Inventário. Ano: 1900. Doc. 01/ 39/43/03.
[88] APEBa. Seção Judiciária. Inventário. Ano: 1903. Doc. 01/101/148/02.
[89] APEBa. Seção Judiciária. Inventário. Ano: 1910. Doc. 01/353/680/01.
[90] APEBa. Seção Judiciária. Inventário. Ano: 1908. Doc. 01/346/664/11.
[91] APEBa. Seção Judiciária. Inventário. Ano: 1914. Doc. 01/386/744/08.

nação, limpeza e comunicação, os serviços de transportes e o serviço doméstico.

As maiores oportunidades de emprego estavam contidas nos serviços de transportes e no trabalho doméstico. Permaneciam com grande expressão no setor de transportes, as ocupações tradicionais dos transportes terrestres, ou seja, os carroceiros, os ganhadores e os aguadeiros. A tecnologia automotora não substituía em inúmeras situações, devido à irregularidade do sistema viário, os "veículos" tradicionais de locomoção de "mercadorias e gente". Atividades em grande parte autônomas, exercidas por gente pobre e em geral negra, eram fundamentais a vida cotidiana da cidade. Realizavam inúmeras pequenas incumbências, ligadas à circulação dos alimentos, das mercadorias em geral e até ao transporte das pessoas de menores recursos, assegurando o funcionamento de serviços essenciais à rotina urbana. Trabalho casual, que não exigia habilidade específica, pautado na força física, envolvia rendimentos insignificantes e intermitentes, pagos por tarefa e que geralmente estavam no nível mínimo de subsistência. Calcula-se que estas ocupações abrigavam mais de 5.000 pessoas.[92] Em 1928, haviam matriculados na Secretaria de Polícia 2.755 carroceiros.[93]

Mas existiam outras atividades vinculadas ao setor de transportes. As empresas responsáveis pelos bondes, ascensores e planos inclinados empregavam 1.250 pessoas, no ano de 1923.[94] O desenvolvimento urbanístico das primeiras décadas do século XX, acoplado às novas tecnologias, fez surgir uma nova categoria ocupacional: o motorista de bonde, automóvel, caminhão ou ônibus. Em 1928, Salvador possuía 1.888 "chauffeurs", 596 ajudantes de "chauffeurs" e 776 motorneiros.[95]

O transporte ferroviário e o marítimo eram setores com considerável contingente alocado nas suas diversas ocupações. No setor ferroviário, além das "atividades de terra" que envolviam desde a parte burocrática até a manutenção, haviam as "atividades de bor-

---

[92] Santos, Mário Augusto da Silva. op. cit. p. 79.
[93] APEBa. Relatório do Secretário de Polícia, de 31/12/1928.
[94] Santos, Mário Augusto da Silva. op. cit. p. 78.
[95] APEBa. Relatório do Secretário de Polícia, de 31/12/1928.

do", como condutores, foguistas e maquinistas. Trabalhavam nos transportes marítimos, alvarengueiros, barqueiros, condutores, pilotos e, por sua vez, no cais, a importante categoria dos estivadores.

Vale ressaltar que, além dos têxteis, teríamos nas categorias vinculadas ao setor de transportes, em especial os estivadores, os grandes protagonistas dos movimentos sociais da Primeira República em Salvador. Por exemplo, já em 1905 era criada a União Operária dos Carregadores,

> *"modelada pelo programma da Federação Socialista Baiana e syndicada ao Centro Defensor dos Trabalhadores do Mar, installada solenemente no 2 do andante, e tem a sua sede a ladeira do Taboão n. 31."*[96]

E em 1912 criaram a União dos Operários Estivadores, sendo a categoria responsável por 19 greves na Primeira República. Era a estiva formada essencialmente por não-brancos brasileiros, tendo sido nos seus primórdios afastados os africanos.[97] Entretanto, mantiveram a sua cultura já entranhada na vida da população negra da cidade. Daí os próprios estivadores dizerem que *"a estiva antigamente era composta em sua maioria por gente de candomblé"*.[98] Construíram, por sua vez, antes de qualquer determinação legal, uma reserva de mercado, na medida em que os postos de trabalho eram transmitidos à futura geração através do parentesco. E esses componentes iriam fazer da estiva uma "segunda família", apontando a existência de um forte sentimento de identificação e pertencimento. Não foram obtidas informações que possibilitassem estimar o número de pessoas envolvidas com o transporte ferroviário e marítimo. Sendo Salvador uma cidade que vivia em função do porto, pressupõe-se um enorme contingente de trabalhadores vinculados ao seu funcionamento.

A mesma condição se verifica em relação aos serviços de água, esgoto, iluminação e telefonia, impossibilitando uma quantificação da mão-de-obra ocupada. Porém, segundo Mário Augusto Santos,

---

[96] *Diário de Notícias*, 19/04/1905, p. 3.
[97] Fonseca, Luis Anselmo. op. cit. pp. 207-209.
[98] Maraux, Amélia. op. cit. p. 77.

a expansão dos serviços indicava um aumento constante de pessoal, embora não se possa determinar os níveis de crescimento.[99]

Os bancos e companhias de seguro, não obstante a sua importância para a vida da cidade, não ocupavam muita gente. Por exemplo, o Banco Econômico da Bahia, de 1890 a 1930, nunca teve mais de nove funcionários.

Finalmente, como empregados do setor privado, tínhamos os trabalhadores domésticos, ocupação de significativa parcela da população feminina. Excetuando entre as classes trabalhadoras, quase todas as famílias possuíam uma ou várias pessoas para o desenvolvimento do serviço doméstico. Atividade dos mais pobres, em grande parte dos pretos. Além da reduzida remuneração, obnubilada pelo alojamento e alimentação, permaneciam os resquícios das tradições escravistas, sentidos, em muitos casos, pela maneira prepotente, violenta e arbitrária como os patrões tratavam os empregados. A reação ao ou no emprego doméstico pelas citadinas fez com que os grupos dominantes criassem a tradição de arregimentar as criadas nas várias regiões do interior da Bahia. Várias são as notas nos jornais, como a que se segue, denunciando as arbitrariedades dos patrões:

> *"No sabbado último, na rua Barão de Sergy na Barra, cerca de 8 horas da noite, a menor de 11 annos, Mathilde Maria Victor, de cor parda, natural da cidade de Canavieiras e filha de Altina Maria da Encarnação, foi victima de bárbaro espancamento que lhe fez a sua patroa."*[100]

Mas existia uma outra situação, também comum, ou seja, graças às atitudes paternalistas de seus patrões, motivadas por sua "lealdade" e convivência estreita, muitas criadas eram incluídas entre os herdeiros. Ex-escravas chegaram a receber casas como herança. Assim, Francisco Cândido de Faria deixou à crioula Júlia do Bomfim, que tinha sido sua escrava e ainda permanecia em sua companhia,

---

[99] Santos, Mário Augusto da Silva. op. cit. p. 80.
[100] *Diário de Notícias*, 20/04/1911, p. 4.

"uma casa térrea de porta e janella, sita a rua do Mocambinho, freguesia de São Pedro, em attenção aos bons serviços que me tem prestado, devendo ser lhe entregue a casa livre de sello e quaisquer despezas."[101]

Segundo Mário Augusto Santos, embora o censo de 1920 atribuísse aos ocupados no serviço doméstico o número de 11.247 indivíduos, ele acredita ser o seu contingente ainda maior, devido à rotatividade da mão-de-obra ou mesmo o preconceito que teria conduzido os recenseados a silenciar sobre suas atividades.[102]

Da amostra coletada estavam envolvidos com os serviços privados 137 indivíduos, tendo uma pequena maioria os não-brancos com 54,7% dos membros. Das 20 categorias ocupacionais, uma ganhou realce, a de doméstica, por seu quantitativo – 72,9% dos indivíduos dos serviços privados – e pelo seu caráter ambíguo. A expressão doméstica tanto podia significar a própria empregada doméstica quanto a chefe do grupo familial, responsável pela supervisão e/ou desenvolvimento das atividades domésticas (dona de casa). As 100 domésticas encontradas dividiam-se eqüitativamente entre brancas e não-brancas. Já que o emprego doméstico era tradicionalmente ocupado pelas não-brancas, o máximo que podemos dizer é que presumivelmente as brancas identificadas como domésticas eram donas de casa.

As outras categorias ocupacionais estavam distribuídas da seguinte forma. Os pretos e africanos eram ganhadores (10), aguadeiros (2), carroceiro, criada e indigente. Atividades sem maior expressão social, em grande parte vinculadas ao passado escravista. Por exemplo, dos carroceiros se dizia:

"Dia a dia vae crescendo o abuso dos carroceiros desta terra, os quaes, alem de completamente brutos na sua quasi totalidade, tem o instinto da malvadez, da perversidade e da deshumanidade para collaborarem com o desleixo daquelles que tem a obrigação, perante o povo de quem se dizem eleitos, de trazel-os su-

---
[101] APEBa. Seção Judiciária. Inventário e Testamento. Ano: 1891. Doc. 07/3060/07.
[102] Santos, Mário Augusto da Silva. op. cit. p. 83.

jeitos ás penas de uma lei severa, repressora dos seus maos instintos."[103]

Os pardos eram estivadores (3), ferroviários (2), trabalhador, maquinista, lavadeira, parteira e capitão-armador. Ocupações na sua maioria das classes trabalhadoras, mas apresentando distinção dos africanos e pretos. Algumas atividades já requeriam mínima especialização e estavam vinculadas a empresas, como os ferroviários e o maquinista. E, por sua vez, o capitão-armador era função de relativo prestígio social, sendo o mesmo responsável pela contratação da tripulação do navio para a exploração comercial.

Já os brancos e estrangeiros eram padres (3), ferroviários (2), empregado da Linha Circular, despachante, leiloeiro, piloto e comandante da navegação costeira. Estavam, portanto, envolvidos de uma forma geral em atividades que requeriam especialização e certo nível de instrução para o seu desempenho. Algumas inclusive com relativo destaque na sociedade local ou no seio das classes trabalhadoras, como os padres, o comandante de navegação costeira e o leiloeiro.

De uma forma geral, os indivíduos vinculados aos serviços privados não eram detentores de grandes posses, mas havia distinções entre os grupos raciais.

Entre os africanos e pretos, o maior patrimônio pertencia a Martilina Maria dos Santos, crioula, de trabalhos domésticos, solteira, com três filhos maiores, que possuía uma casa à rua do Castro Neves, Brotas, geradora do espólio líquido de 4:800$000 de réis.[104] Já entre os pardos, além de duas domésticas com mais de nove contos de réis, os maiores patrimônios pertenciam a Maria Josefa Sacramento e a Ladislau Joaquim Veloso dos Santos. Josefa era doméstica, residente à rua dos Ossos, em Santo Antonio Além do Carmo, possuía três casas térreas, na rua dos Marchantes, na rua dos Perdões e na rua do Imperador, deixando ao morrer o espólio líquido de 10:242$936 de réis.[105] Enquanto Ladislau era

---

[103] *Diário de Notícias*, 29/09/1905, p. 3.
[104] APEBa. Seção Judiciária. Inventário. Ano: 1912. Doc. 01/371/717/03.
[105] APEBa. Seção Judiciária. Inventário. Ano: 1900. Doc. 07/3223/14.

capitão-armador, casado com D. Júlia de Seixas Veloso, branca, residia na rua do Jenipapeiro e deixou ao morrer líquido 10:860$000 de réis.[106] Vale ressaltar que neste mesmo período, outro capitão-armador, com grande importância na história do porto, já fazia fortuna em Salvador: Adão Conceição Costa. De família oriunda de Lagos, Nigéria, casado com Maria Joaquina de Jesus, pai de dois filhos, deixou ao morrer, em 1935, numerosos prédios, além de uma fazenda de cacau em Belmonte.[107]

Entre os brancos e estrangeiros, 17 indivíduos, ou seja, 27,4% dos seus membros tinham mais de dez contos de réis. Porém, apenas em quatro casos possuíam mais de cinqüenta contos de réis, todos brasileiros: o comandante de navegação costeira João Alves dos Santos, que deixou líquido ao morrer 65:011$500 de réis;[108] o leiloeiro Rodrigo Gesteira, que deixou o espólio líquido de 81:769$073;[109] e as domésticas Clementina Ribeiro Elbe e Maria José de Cerqueira Magalhães. A primeira, casada com negociante, quatro filhos, residente em Nazaré, deixou líquido ao morrer 109:119$237 de réis.[110] A segunda, casada, com 6 filhos, residente na rua do Canela, deixou grande fortuna no seu espólio, ou seja, o expressivo montante de 611:915$567 de réis.[111] Tendo em vista que de uma forma geral as mulheres brancas, sobretudo casadas, não trabalhavam, presumivelmente as fortunas acima eram oriundas do patrimônio constituído pelo grupo familial.

C) O serviço público
De acordo com os dados do Almanaque Administrativo, Indicador, Noticioso, Comercial e Literário do Estado da Bahia,

---

[106] APEBa. Seção Judiciária. Inventário. Ano: 1904. Doc. 01/102/150/17.
[107] APEBa. Seção Judiciária. Inventário. Ano: 1935. Doc. 02/908/1377/13. Sobre a história de Adão Conceição Costa e seus descendentes, ver: Castro, José Guilherme da Cunha (org), *Miguel Santana*. Salvador: EDUFBA, 1996.
[108] APEBa. Seção Judiciária. Inventário. Ano: 1907. Doc. 1/61/73/9.
[109] APEBa. Seção Judiciária. Inventário. Ano: 1907. Doc. 1/61/74/1.
[110] APEBa. Seção Judiciária. Inventário. Ano: 1905. Doc. 1/36/39/5.
[111] APEBa. Seção Judiciária. Inventário. Ano: 1906. Doc. 01/58/68/04.

em 1898, o funcionalismo público em Salvador tinha 1.309 empregados, enquanto em 1920 atingiria 2.390 servidores.[112]

No âmbito federal, os órgãos públicos mais importantes pelos empregos que ofereciam eram a Alfândega, os Correios e Telégrafos, a Faculdade de Medicina e os batalhões do Exército e da Marinha.

O governo estadual sempre teve nas Secretarias do Interior e Instrução, Polícia e Fazenda, os maiores contingentes de pessoal. O Estado mantinha em Salvador dois importantes estabelecimentos de ensino secundário: o Ginásio da Bahia e a Escola Normal.

As três grandes repartições do serviço municipal eram as do Ensino Primário, da Fazenda e das Obras. Os professores primários representavam aproximadamente a metade dos funcionários municipais de Salvador.

Pertencer ao serviço público, mesmo nas posições subalternas, já denotava alguma forma de prestígio, indicando, no mínimo, as boas relações com os donos do poder político, na medida em que a inserção de uma forma geral se dava não só pela qualificação, mas também pelas relações pautadas no clientelismo e apadrinhamento.

Na amostra coletada aparecem 49 indivíduos no serviço público, sendo os brancos nacionais majoritários com 31 servidores, secundados pelos pardos com 14 membros. Pretos e estrangeiros possuíam, cada, apenas dois indivíduos e os africanos inexistiam no serviço público.

Vale salientar que em categorias como funcionário público, funcionário municipal e professor, temos indicações bastante imprecisas, na medida em que as informações não estabelecem a posição ocupada pelos agentes nas repartições públicas e/ou a esfera do poder, ou seja, municipal, estadual ou federal.

Os pretos eram: um funcionário municipal e um funcionário público. Os pardos eram funcionários públicos (5), professores (4), sargentos (2), oficial de justiça, major reformado e marinheiro. Portanto, em comparação aos pretos, os pardos já ocupavam posições intermediárias que indicavam alguma ascensão social, na medida em que começavam a ter participação significativa na

---

[112] Santos, Mário Augusto da Silva. op. cit. p. 88.

categoria de professor, avançavam na hierarquia militar e conseguiam o acesso à Marinha, entre as organizações militares um baluarte da discriminação racial. Sobre tal assunto, em 1923, um artigo de jornal expunha objetivamente a posição da Marinha:

> *"Muitos candidatos não logram ser admittidos devido às exigências dos regulamentos da escola e as determinações do Ministério da Marinha. Pessoas que debalde procuraram collocar menores ali, vieram à Tarde queixar-se de que apesar de satisfazerem a todas as condições exigidas pelas leis, os pequenos estavam sendo recusados pelo simples facto de serem pretos. Fomos então a Escola de Aprendizes, onde procuramos ouvir o seu comandante, o capitão de corveta Freire de Carvalho, que nos deu as seguintes informações: — Com a ida para o Rio da turma de rapazes que concluíram o curso, abriram-se 26 vagas, a que adicionamos mais uma, proveniente do fallecimento ha tempos de um aprendiz, perfaziam 27. Com as determinações do Ministério da Marinha mandando augmentar de mais 20, as matriculas subiram a 47. Abertas as inscrições, logo os candidatos em grande número começaram a se apresentar. Munidos de certidão de idade, attestados de consentimento dos paes e de conducta fornecidos pelos sub-delegados dos districtos de residência dos mesmos, eram elles submetidos a exame médico, sendo estrictamente observadas a boa saúde dos rapazes, bem como a sua robustez physica, condições essenciaes para a admissão dos mesmos; quanto à instrução, bastava que elles soubessem ler, escrever e contar. Muitos rapazes de magnifica robustez e boa apparencia eram recusados pelo facto de serem analphabetos... outros também o eram, somente por não possuirem dentes ou os terem muito estragados, pois os dentes bons também são uma das exigências do regulamento. Quanto ao facto de estarem sendo excluidos os pretos, as queixas não procedem. Demais, havendo maior número de candidatos do que vagas, o comando da Escola tem o direito de escolher e assim sendo, entre rapazes brancos e outros tantos pretos nas condições necessárias, é natural que sejam preferidos os primeiros."*[113]

---

[113] *A Tarde*, 07/02/1923, p. 1. Vale salientar que, no mesmo jornal, um advogado e professor de inglês, preto originário da Nigéria, Maxwell P. de Assumpção, protestou

Retornando ao nosso assunto, os brancos eram funcionários públicos (17), professores (4) alferes da Guarda Nacional (3), funcionário municipal, capitão de corveta da Armada Nacional, major-cirurgião, oficial da Marinha, almirante, desembargador e magistrado. Os estrangeiros eram o cônsul da Alemanha e um capitão português, provavelmente aposentado. Evidentemente, os cargos mais expressivos e prestigiosos, no âmbito civil ou militar, pertenciam aos brancos no serviço público.

Não existiam ricos entre os funcionários públicos, sendo plausível que aqueles que ocupavam postos importantes tinham vida confortável, provavelmente com alguma ostentação, mas sem luxo. Porém, de uma forma geral percebiam baixos vencimentos e muitos vezes atrasados. Em 1923, a imprensa refletia tal situação:

> *"Não é só o Estado que timbra em perseguir os seus servidores, deixando-os dezenas de meses sem vencimentos, em vergonhosa e incrível penúria. Também o município, por obra e graça do desmantelo administrativo da Bahia, que o Sr. Epaminondas Torres, segue à risca, adaptando o programa de dissipação do Sr. Seabra, malbaratando as rendas municipaes e caloteando os funcionários, principalmente os professores primários."*[114]

Pessoas de certo prestígio social, como Eduardo Carigé, funcionário público municipal, branco, um dos grandes nomes da causa abolicionista, morreu em 1905 quase sem bens, deixando líquido no seu Inventário apenas 944$800 de réis.[115]

Entretanto, as diferenciações se mantinham entre os grupos raciais. Entre os não-brancos apenas um mestiço, Manoel Mes-

---

veementemente contra a discriminação. A sua resposta tinha o título "Não é natural, Sr. Comandante". No seu artigo dizia: "*O preto é fator étnico preponderante na formação da mestiçagem, forte em seus variados matizes, no Brasil e, como brasileiro de fato e de direito é, perante a sua Constituição, igual ao branco como cidadão da mesma República. A Escola (de Aprendizes Marinheiros) tendo o direito de escolher, como diz o comandante, este direito só pode basear-se nos precedentes morais, nas aptidões ou na capacidade de resistência dos candidatos e nunca no acidente físico da cor.*" A Tarde, Bahia, 9.II. 1923. in: Azevedo, Thales de. op. cit. pp. 99-100.
[114] *A Tarde*, 09/03/1923, p. 1.
[115] APEBa. Seção Judiciária. Inventário. Ano: 1905. Doc. 1/54/62/7.

sias Garcia, oficial de justiça, possuía mais de dez contos de réis. Casado, com dois filhos, residente à Ladeira da Misericórdia, nº 3, possuía duas casas térreas no Santo Antonio, uma roça denominada Pedra da Marca, sita na rua da Federação no Rio Vermelho, dinheiro líquido no valor de 13:888$441, perfazendo ao morrer o espólio líquido de 23:871$695 de réis.[116]

Já entre os brancos, nove nacionais e um estrangeiro tinham mais de dez contos de réis. Porém, nada que indicasse riqueza, tanto assim que o maior patrimônio pertencia a uma professora pública, Amália de Araújo Falcão, casada com um farmacêutico, que deixou o espólio líquido de 40:100$000 de réis.[117]

D) Profissões liberais e outras

No campo da iniciativa privada, mas sem pertencer à categoria de empregados, estavam os profissionais liberais: médicos, dentistas, farmacêuticos, advogados e professores particulares. O contingente devia ser pequeno, uma vez que o exercício das atividades exigia qualificação especial. Entretanto, torna-se difícil precisar com exatidão o seu quantitativo, pois enquanto o censo de 1920 registra 6.433 indivíduos, número excessivamente alto, o Almanaque subestima o contingente dos profissionais liberais, indicando para o mesmo ano, no máximo, 500 pessoas.[118]

Nos dados coletados encontramos outras categorias ocupacionais que poderiam, por sua plasticidade, inclusive serem enquadradas em outros setores econômicos. Eram os proprietários, capitalistas e comendadores. A última categoria era na verdade um título honorífico concedido a personagens expressivos da vida social, não se constituindo propriamente em profissão ou ocupação. De uma forma geral, os membros das categorias acima podiam ser proprietários de imóveis, acionistas de empresas, desenvolver atividades comerciais ou serem grandes produtores e criadores da zona rural, de forma isolada ou simultaneamente.

---

[116] APEBa. Seção Judiciária. Inventário. Ano: 1907. Doc. 1/62/75/5.
[117] APEBa. Seção Judiciária. Inventário. Ano: 1912. Doc. 01/370/714/05.
[118] Santos, Mário Augusto da Silva. op. cit. p. 84.

Dos 78 indivíduos inseridos entre os profissionais liberais e outras ocupações, os não-brancos tinham apenas quatro membros. Havia dois africanos como proprietários e dois pardos, um como proprietário e o outro como professor de música. Os brancos eram médicos (12), farmacêuticos (7), proprietários (18), capitalistas (3), advogado, dentista, comendador e estudante. Enquanto os estrangeiros eram proprietários (23), capitalistas (4), médico, professor e comendador. Como se pode observar, as profissões liberais importantes de Salvador pertenciam na sua totalidade aos brancos nacionais e estrangeiros. Por exemplo, a principal atividade profissional e a mais prestigiosa da "cidade das letras", a Medicina, era ocupada inteiramente pelos brancos. Evidentemente os dados devem ser vistos como reveladores de uma tendência, indicativa, não de exclusivismo, mas de uma predominância majoritária de brancos nas profissões mais valorizadas socialmente. A biografia de Alfredo Casemiro da Rocha, tratando da ambiência da Faculdade de Medicina na segunda metade do século XIX, expressa objetivamente tal situação:

> *"Olhando os colegas de turma do ciclo médico, cerca de quarenta, em sua maioria brancos da oligarquia baiana e de outras províncias, com pouquíssimos mulatos e nenhum outro com sua tonalidade, ele sempre resmungava: O Negrinho não há de fazer feio."* [119]

Em termos patrimoniais, entre os não-brancos as maiores posses pertenciam ao pardo Estevão Alves Ferreira. Proprietário, casado, com quatro filhos, possuía uma casa sita à rua do Paço, assobradada, outra casa térrea à rua do Sabão, em Cachoeira, dinheiro líquido na conta-corrente do Banco do Brasil, no valor de cinco contos de réis, tendo o Inventário líquido de 26:198$200 de réis.[120]

Entre os brancos, a categoria dos médicos, embora mais aquinhoada que a dos farmacêuticos, advogados e dentistas, não aparecia como constituinte de riqueza. Apenas dois dos seus membros atingiam mais de cinqüenta contos de réis. Manoel

---

[119] Nogueira, Oracy. *Negro Político, Político Negro*. São Paulo: EDUSP, 1992, p. 35.
[120] APEBa. Seção Judiciária. Inventário. Ano: 1912. Doc. 01/ 371/716/11.

Joaquim Saraiva, médico catedrático da Faculdade de Medicina, casado, com sete filhos, residente no Corredor da Vitória, que possuía líquido ao morrer 69:474$002 de réis.[121] E Pedro da Luz Carrascosa, casado, quatro filhos, residente no Rio Vermelho, que deixou o espólio líquido de 110:519$850 de réis.[122]

Ricos entre os brancos eram quatro proprietários, um comendador e um capitalista, todos com patrimônios acima de duzentos contos de réis. Gente como a proprietária Maria Victória Mendes de Cerqueira Lima, que residia na Ladeira de São Bento, casada com seu primo Pedro Augusto de Cerqueira Filho, tendo uma filha casada com Otaviano Muniz Barreto, membro de tradicional família dos "barões do açúcar". Era proprietária de fazenda de cacau em Ilhéus, 18 casas, nove sobrados e uma ilha, tendo o espólio líquido de 379:050$720 de réis.[123] Porém, neste setor, sobretudo nas outras ocupações, a riqueza estava concentrada nas mãos dos estrangeiros, com sete proprietários, um comendador e um capitalista, todos portugueses, com mais de duzentos contos de réis. Mais três proprietários tinham patrimônio acima de seiscentos contos de réis. Dentre eles ganhava destaque Albano Pereira de Carvalho, que deixou ao morrer o líquido de 1.121:297$060 de réis.[124]

Conclusões

Inicialmente convém apresentar, conforme quadro que se segue, a distribuição proporcional das pessoas ocupadas nos principais ramos de atividade segundo a cor.

Os não-brancos participavam majoritariamente em sete dos 10 ramos de atividade estabelecidos, dos mais requerentes de força-de-trabalho. Entretanto, o ramo mais dinâmico – o comércio – e os ramos que conferiam maior prestígio social – o serviço público e as profissões liberais – eram ocupados em grande parte pelos brancos.

---

[121] A.P.E.Ba. Seção Judiciária. Inventário. Ano: 1899. Doc. 01/34/37/01.
[122] A.P.E.Ba. Seção Judiciária. Inventário. Ano: 1914. Doc. 07/2821/04.
[123] A.P.E.Ba. Seção Judiciária. Inventário. Ano: 1909. Doc. 06/2733/05.
[124] A.P.E.Ba. Seção Judiciária. Inventário e Testamento. Doc. 01/5056/01.

RAMOS DE ATIVIDADE	NÃO-BRANCOS	BRANCOS
Agrícola	66.70%	33.30%
Pesca	75.00%	25.00%
Indústria	60.00%	40.00%
Artesanato	57.10%	42.90%
Construção civil	73.70%	26.30%
Comércio	21.50%	78.50%
Serviços de transportes	80.00%	20.00%
Atividade doméstica	51.00%	49.00%
Serviço público	32.70%	67.30%
Profissões liberais e outras	5.10%	94.90%

Fonte: APEBa. Seção Judiciária. Inventários, Testamentos e Processos de Arrecadação.

Passando à consideração dos não-brancos nas atividades em que eram maioria, podemos observar que os africanos e pretos somente tinham participação significativa nos ramos vinculados a atividades que já desenvolviam no período escravocrata. Assim, predominavam nas atividades agrícolas e relacionadas com a pesca, no ramo dos transportes tradicionais e na construção civil. Embora os dados coletados não propiciem maior precisão, presumivelmente tinham também grande participação no pequeno comércio, fixo ou ambulante, e no emprego doméstico. Exerciam predominantemente ocupações manuais ou não requerentes de instrução, como lavradores, ganhadores, artistas, sapateiros, carapinas, pedreiros, pequenos negociantes e criadas. Atividades de uma forma geral que não indicavam maiores alterações em relação à sua situação na Bahia neocolonial e escravista.

Já os pardos participavam de um leque mais amplo de atividades, algumas requerentes de certa especialização e escolarização, além de denotadoras de relativo prestígio, sobremodo no seio das camadas trabalhadoras. Eram proprietários de unidades industriais simples, tinham posições de destaque na estiva, conquistaram posições no serviço público e avançaram na hierarquia militar. Predominantemente eram, além de operários, estivadores, pequenos negociantes e artistas, também funcionários públicos, professores, sargento, oficial de justiça, capitão-armador e comerciário. Entretanto, nenhum pardo atingia as ocupações importantes da cidade, estas permaneciam sob o domínio dos brancos e estrangeiros em Salvador.

A posição patrimonial dos grupos de cor referendava as posições no campo do trabalho, conforme veremos no quadro abaixo:

FAIXA PATRIMONIAL	NÃO-BRANCOS	BRANCOS
Até 10:000$000	91,90%	61,70%
De 10:100$000 a 50:000$000	6,90%	21,70%
De 50:100$000 a 200:000$000	1,20%	9,60%
De 200:100$000 a 500:000$000	———	4,90%
Mais de 500:000$000	———	2,10%

Fonte: A.P.E.Ba. Seção Judiciária. Inventários, Testamentos e Processos de Arrecadação.

Através dos patrimônios – sem entrar na análise da qualidade de vida ou índice de pobreza, mas tão-somente buscando cotejar os grupos de cor – o que fica nítido é que seja qual for a faixa utilizada, a riqueza na cidade de uma forma geral estava concentrada nos indivíduos brancos, nacionais e estrangeiros.

Porém, quando discriminamos os grupos de cor outras nuances se apresentam à análise:

FAIXA PATRIMONIAL	AFRICANOS	PRETOS	PARDOS	BRANCOS	ESTRANGEIROS
Até 10:000$000	93,30%	95,80%	87,70%	63,20%	59,70%
De 10:100$000 a 50:000$000	5,00%	4,20%	10,80%	24,30%	18,50%
De 50:100$000 a 200:000$000	1,70%	———	1,50%	8,50%	11,10%
De 200:100$000 a 500:000$000	———	———	———	3,30%	6,90%
Mais de 500:000$000	———	———	———	0,70%	3,80%

Fonte: A.P.E.Ba. Seção Judiciária. Inventários, Testamentos e Processos de Arrecadação.

O que se observa inicialmente é que os africanos, do ponto de vista patrimonial, possuíam uma situação mais favorável que a dos pretos. Mínima, é verdade, mas de qualquer forma existente e indicativa da situação dos pretos em Salvador. Vale lembrar que os africanos, após as revoltas da década de 1930 no século XIX, foram duramente perseguidos e sofreram sérias discriminações no mercado de trabalho, inclusive dos negros nacionais. Assim, entre os africanos e pretos possuidores de patrimônio seria de esperar uma situação amplamente favorável para os segundos. Entretanto, tal não ocorreu, sugerindo assim a eficácia dos mecanismos de desqualificação e a contínua discriminação imposta aos nacionais de cor preta, impedindo o seu avanço no mundo do trabalho e na acumulação da riqueza. Vale ressaltar que o desejo de preservação de elementos da ordem escravista era tão manifesto que ele ainda podia ser visto, embora os números fossem diminutos, na designação dos pretos. Entre eles 11 eram identificados como crioulos e oito como negros, qualificativos oriundos do mundo da escravidão.

Os pardos ou mestiços possuíam uma situação mais favorável que a dos africanos e pretos, na medida em que tinham o dobro de indivíduos na faixa acima dos dez contos de réis. Se, assim como nas ocupações, era o bastante para diferenciá-los dos africanos e pretos e consagrar a perspectiva assimilacionista, quando os comparamos com a situação dos brancos e estrangeiros outras nuanças se apresentam. Primeiro, em termos de faixas patrimoniais estavam muito mais próximos dos africanos e pretos que dos brancos nacionais e estrangeiros; segundo, na faixa acima de cinqüenta contos de réis estavam presentes em número similar ao dos africanos, o que indicava os limites do seu acesso à posse da riqueza em Salvador.[125]

Concluindo, numa sociedade que não queria transformações, onde imperavam os padrões tradicionais e a convenção como valor, diante da abolição da escravatura e da chegada da

---

[125] As maiores fortunas entre os africanos não apresentavam indicação de ocupação, daí não estarem contidas no corpo do trabalho. Pertenciam a duas mulheres, Justa Maria de Santana e Maria do Carmo Friandes, respectivamente com o espólio líquido de 56:105$875 de réis e 64:387$601 de réis. APEBa. Seção Judiciária. Inventário e Testamento de Justa Maria de Santana. Ano: 1911. Doc. 07/3179/02. Inventário e Testamento de Maria do Carmo Friandes. Ano: 1904. Doc. 07/2888/13.

República, foram elaborados mecanismos capazes de manter o legado histórico da desigualdade e impossibilitar a mobilidade dos afro-brasileiros. Tornou-se a cor um elemento preeminente, onde os termos raciais indicavam não apenas a cor da pele, mas também um signo de "status", conforme os dados sugerem, na organização da sociedade e na distribuição do poder. Uma hierarquia racial que equacionava no cimo os brancos, com o prestígio e a riqueza, e na base os pretos, com a inferiorização e a pobreza. E, de forma intermediária os pardos ou mestiços, muitos mais próximos objetivamente dos pretos, porém, mesmo em número diminuto, diferenciados o bastante para incentivar a crença na mobilidade e no projeto de assimilação.

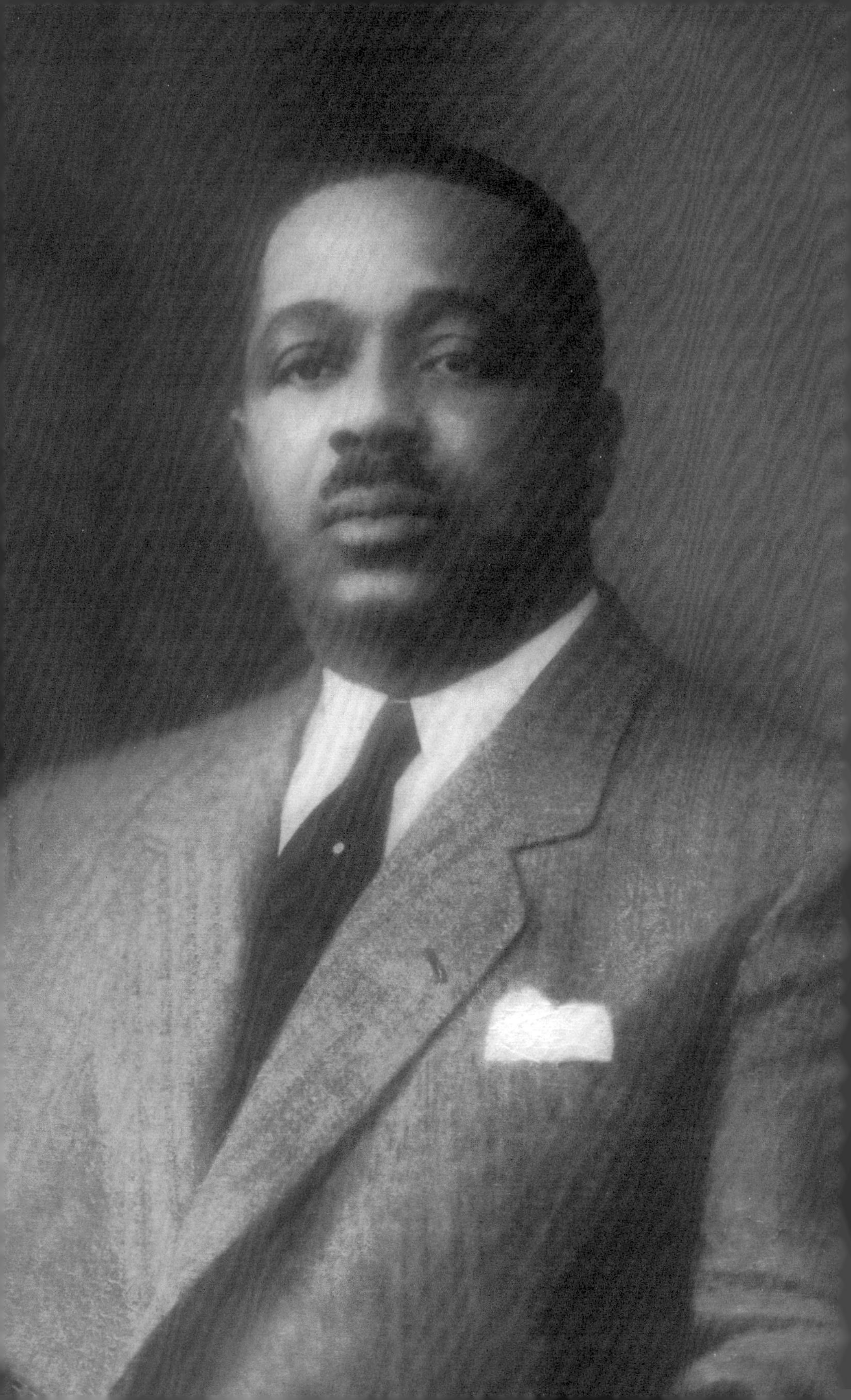

3
DONALD PIERSON E OS BRANCOS E PRETOS NA BAHIA *

Donald Pierson, com justiça, é hoje considerado uma das figuras responsáveis pelo desenvolvimento da Sociologia no Brasil. Com ele, instaurou-se, na Escola Livre de Sociologia e Política de São Paulo, um novo padrão de fazer ciência e um novo universo temático, emanado da matriz norte-americana, considerada, à época, a mais avançada e moderna.[1]

Entretanto, a primeira experiência acadêmica brasileira de Donald Pierson teve lugar não no grande centro industrial de nosso país, mas sim na quase medieval (é a sua palavra) e pré-industrial "cidade da Bahia".

É exatamente da sua permanência na cidade do Salvador, de 1935 a 1937, que emergiu uma tese de doutoramento sobre a situação racial e cultural baiana, posteriormente publicada pela Universidade de Chicago com o título "*Negroes in Brazil: A Study of Race Contact at Bahia*", no ano de 1942. Este livro sairia no Brasil em 1943, na série Brasiliana, v. 241, da Companhia Editora Nacional com o título de *Brancos e Pretos na Bahia*.[2]

O livro de Donald Pierson representou uma inovação significativa nos estudos sobre o negro no Brasil. Grande parte da

---
* Artigo publicado originalmente na revista Horizontes Antropológicos, Porto Alegre: PPGAS, 1997.
[1] Oliveira, Lúcia Lippi de. Donald Pierson e a Sociologia no Brasil. *BIB*, Rio de Janeiro, nº 23, 1º semestre de 1987, pp. 35-48.
[2] Utilizamos neste trabalho a sua edição brasileira, publicada em São Paulo, pela Companhia Editora Nacional, em 1971, com o título *Brancos e Pretos na Bahia* (Estudo de contato racial). Sobre a história editorial do livro de Pierson, ver a Nota 1 do

bibliografia brasileira existente estava contida no plano histórico, enfocando basicamente a composição da nossa sociedade ou buscava, sobretudo na Bahia, a compreensão dos elementos africanos existentes na população preto-mestiça brasileira.

O seu trabalho rompeu com os padrões vigentes de nossa tradição intelectual, na medida em que estudava concretamente uma dada realidade social, enfocando as relações entre "brancos e pretos" no interior de uma sociedade regional. E a perspectiva de uma sociologia das relações raciais era desenvolvida tendo por base a "objetividade" e o rigor na utilização das modernas técnicas de investigação.

O seu livro foi premiado com o "Anisfield Award", em 1942, nos EUA, como o "melhor livro científico e erudito publicado neste ano no campo das relações raciais" e mereceu, na época, os mais eloqüentes aplausos da intelectualidade brasileira.[3] Portanto, o seu trabalho mereceu o reconhecimento da "intelligentsia" de sociedades com histórias e situações raciais distintas: a norte-americana, marcada pela segregação racial e fortes distúrbios sociais e políticos, e a brasileira, iniciando o seu período de "exceção política"(o Estado Novo) e tendo o "problema racial" como inexistente.

Assim, com essa apresentação, o que buscarei inicialmente destacar são os caminhos da constituição das principais "teses" (por ele denominadas de hipóteses) contidas no livro de Donald Pierson, à luz de dois níveis: 1) do contexto acadêmico e político norte-americano, e; 2) da incorporação do conhecimento intelectual brasileiro. Em seguida, farei uma apreciação do material etnográfico contido no seu livro.

As "teses" estão situadas no capítulo final do livro, denominado "*A situação racial baiana*" e na Introdução da 2ª edição brasileira, datada de 1965.

Documento nº 8 , de Vivaldo da Costa Lima, em Oliveira, Waldir Freitas e Lima, Vivaldo da Costa. *Cartas de Édison Carneiro a Artur Ramos*. De 4 de janeiro de 1936 a 6 de dezembro de 1938. São Paulo: Corrupio, 1987, pp. 120-121.

[3] Ver a apreciação da crítica brasileira e estrangeira em Pierson, idem, pp. 9-15.

I – O Contexto Acadêmico e Político Norte-Americano e as "Teses"

Donald Pierson, após concluir a sua graduação, foi para a Universidade de Chicago para estudos de pós-graduação.

"Aí, ao preparar trabalho para o professor Ellswort Faris da Divisão de Ciências Sociais, comecei a me interessar mais especificamente pelo Brasil, porque descobri que se tratava de área mui importante de contato entre as três raças básicas da humanidade e suas respectivas culturas."[4]

Era então a Universidade de Chicago um centro de importância mundial para as Ciências Sociais, com um corpo docente do mais alto nível, como Robert Redfield, Herbert Blumer, Radcliffe-Brown, Louis Wirth, Ernest W. Burgess, William Ogburn e tantos outros.

É exatamente quando Donald Pierson estava interessando-se pelo Brasil que

"voltou à Universidade de Chicago, de uma viagem pelo mundo todo, depois de aposentar-se, a fim de conhecer de perto os mais importantes centros de contato racial e cultural de seu interesse particular, o sociólogo pioneiro e muito fecundo, Robert E. Park, pesquisador, ele mesmo, e estimulador inestimável de jovens pesquisadores que já tinham empreendido investigações de vários aspectos da vida social."[5]

Incentivado por seus professores, segundo suas próprias palavras:

"logo minha senhora, Helen Batchelor Pierson, e eu estávamos a caminho do Brasil, enviados pelo 'Social Science Research Committee' (Comissão de Pesquisas de Ciências Sociais) da Universida-

---
[4] Depoimento de Donald Pierson. In: Corrêa, Mariza. *História da Antropologia no Brasil (1930-1960)* Testemunhos: Emilio Willems e Donald Pierson. São Paulo: Vértice, Editora Revista dos Tribunais/Campinas: Editora da Universidade Estadual de Campinas, 1987, p. 32.
[5] Idem, ibidem, p. 33.

de de Chicago, a fim de fazer estudo pormenorizado e, um pouco prolongado, da 'situação racial e cultural' existente no velho porto da Bahia, com pequena verba para isso da Rosenwald Fund." [6]

Os seus orientadores seriam os maiores nomes da Universidade de Chicago, ou seja, Robert Park, Robert Redfield e Louis Wirth.

A denominada Escola de Chicago, tinha exatamente como um dos seus fundadores e, provavelmente, o seu principal mentor intelectual, o orientador e autor da Introdução da 1ª edição norte-americana do livro de Pierson: Robert Park.

Renovador, anti-racista, ele consolidou o estudo das relações raciais, ou seja,

"a relação entre povos com marcas distintivas de origem racial, particularmente quando tais diferenças penetram na consciência dos indivíduos e dos grupos assim identificados, determinando desse modo a concepção que cada indivíduo tem, tanto de si mesmo como de seu estatuto na comunidade." [7]

E, no seu otimismo evolucionista, preconizou que com o tempo as relações raciais deveriam atenuar-se à medida que se consolidasse a modernidade e que progressivamente as diferenças seriam cada vez menos de raça e mais de cultura e trabalho. Por sua vez, os conflitos raciais no mundo moderno, na "grande sociedade", seriam, no futuro, confundidos cada vez mais com os conflitos de classe, até serem superados por eles.

Mas, essas concepções aparecem de forma mais explícita na análise que Robert Park estabeleceu para os Estados Unidos da América.

Simplificando: para ele, com a escravidão e posteriormente com o sistema de castas, cada raça possuía o monopólio de determinadas tarefas e quando o povo dominado aceitava esse estatuto, como acontecia onde a escravidão ou as castas estavam plenamente estabelecidas, cessava a competição entre as raças e a ani-

---

[6] Idem, ibidem, p. 34.
[7] Park, Robert E. Race and Culture. apud Wieviorka, Michel. *El Espacio del Racismo*. Barcelona: Ediciones Paidós, 1992, p. 52.

mosidade tendia a desaparecer. Enfim, com "cada qual no seu lugar" não existia obstáculo à cooperação racial. Porém, com as mudanças desencadeadas pelos negros, teve início a desestruturação do sistema de castas. As emigrações para o norte industrial e urbano, a melhoria dos níveis educacionais, bem como a formação de uma classe média negra, fizeram a sociedade americana entrar na era das relações raciais. Para Park, somente a partir de então nasceu o conflito entre as raças, na medida em que numa sociedade democrática e liberal, que valorizava a competição individual, com todos teoricamente dispondo das mesmas possibilidades de mobilidade ascendente, os brancos tentariam restringir as oportunidades de participação social do negro. O racismo aparecia como uma expressão do conservadorismo, da resistência à mudança cultural, com a função instrumental de deter ou impedir a participação dos negros na competição. Entretanto, esse era apenas um momento de transição, pois, no futuro, as distinções de raças, com o avanço da modernidade, deveriam desaparecer.[8]

Vale ressaltar que Robert Park além de ser um acadêmico, era um influente jornalista interessado na resolução dos problemas urbanos, tanto assim que participou diretamente da Comissão de Chicago sobre as Relações Raciais. Portanto, a ciência seria um importante instrumento para a intervenção política na realidade social.

Como se percebe, o importante autor da Escola de Chicago distancia-se inteiramente das teorias biológicas sobre a raça, porém ele a torna um elemento da identidade dos agentes sociais. Em outras palavras, quando os indivíduos não se identificam, não existe raça. Segundo, o racismo é derivado de relações concretas, segundo sua concepção, quando ele, em verdade, é muito mais representação, fantasia e um mundo imaginário, que quase nunca tem muito a ver com as características objetivas daqueles contra os quais se direciona.

Antes de mostrar as hipóteses relacionadas às perspectivas da Escola de Chicago, vale a pena mostrar a trajetória geográfica de Pierson antes de chegar à Bahia. Expressivo é o seu próprio relato:

---

[8] Idem, ibidem, pp. 50-56.

"*Antes de irmos à Bahia, porém, meu sponsor principal, o professor Robert E. Park (...) conseguiu que eu pudesse conhecer mais de perto outra 'situação racial e cultural', ou seja: a própria norte-americana à medida que esta se relacionava a descendentes de europeus e africanos, e, especialmente, onde ela se apresentava mais patentemente, naquele tempo, ou seja, no Sul do país, lugar principal de escravidão, servidão essa que tinha sido abolida só há uns setenta anos atrás, naquele tempo, e isto por meio de uma guerra civil mui sangrenta, que contribuiu para a ascensão social súbita do Negro da posição social anterior como escravo. Isto tudo em meio a distúrbios econômicos, políticos e sociológicos de alto grau no Sul, provocando atitudes sociais, neste caso, entre descendentes de europeus de um lado, e de africanos do outro.*"[9]

Portanto, Donald Pierson antes de vir ao Brasil fez um estágio em Nashville, Tennessee, Sul dos Estados Unidos, região socialmente similar à Bahia, atrasada e pré-industrial, e inteiramente contrastiva do ponto de vista racial, ou seja, a área mais racista do país, "paraíso" dos linchamentos de negros.

Enfim, ele estava sendo preparado para mostrar que nada havia de "natural" no contexto racial e no racismo americano e que, mesmo numa sociedade semelhante ao Sul poderíamos encontrar uma situação racial diferente, melhor.

E é nas suas "hipóteses" que tal busca fica flagrante.

Nas hipóteses 9, 10 e 11 ele ressalta que o movimento abolicionista não foi marcado pelo terror que varreu o Sul dos Estados Unidos, nem pelo conflito entre diferentes regiões do país, mas como um movimento que dominou o espírito público brasileiro.[10] Nunca os brancos brasileiros tiveram sentimentos de desconfiança, medo, apreensão, nem tampouco sofreram provocações ou "ataques injustos" por parte da gente de cor, como aconteceu no Sul dos Estados Unidos.[11] Por sua vez, na hipótese 21, ele afirma que o linchamento de gente de cor e o estupro de mulheres brancas por

---

[9] Depoimento de Donald Pierson. In Corrêa, Mariza. op. cit. pp. 34-35.
[10] Pierson, Donald. op. cit. p. 364.
[11] Idem, ibidem, pp. 364-365.

negros são desconhecidos no Brasil.[12] Ao contrário do seu país, no Brasil uma gota de sangue africano não transforma o mestiço em negro, tanto assim que muitos indivíduos com ancestrais africanos, cor ou traços fisionômicos que demonstram tal ascendência, são considerados brancos.[13] Ainda nas suas hipóteses 16, 25 e 26 ele assevera que a nossa ideologia racial não-formal pode ser resumida na frase que "Nós brasileiros, estamos nos tornando um só povo". E se o problema racial no Brasil existe, isso se deve à resistência que um grupo parece oferecer à absorção e assimilação. Mas, a gente de cor no Brasil não está se transformando, como nos Estados Unidos, em uma "minoria racial" autoconsciente.[14]

Mas, tal assunto ele desenvolve com mais precisão na Introdução dà 2ª edição brasileira. Para Pierson, não temos grupos raciais ou mesmo de cor e, *"se houver, serão ajuntamentos de configuração amorfa e instável"*, tanto assim que a *"solidariedade segundo linhas raciais, ou mesmo segundo as de cor, é de um grau tão baixo na Bahia, que aqueles interessados em 'mobilizar as massas de cor', como dizem, acabam por desanimar."*[15] Evidentemente, se não existe grupo racial ou de cor, o caminho é único: não existe racismo. Para ele, a discriminação com base na raça, no Brasil, tem um caráter individual e não geral. E, quando ela se torna conhecida, é alvo de severa reprovação social.[16] Para existir preconceito de raça, torna-se necessário como fator determinante o *"medo ou receio de que o grupo racial subordinado ameace ou esteja em vias de ameaçar a posição privilegiada do grupo dominante"*. Como isso não ocorre no Brasil, *"tem-se, então, a dúvida se na Bahia haverá qualquer coisa que possa, com justificação, ser chamada de preconceito de raça"*.[17]

Esta argumentação é complementada com a noção do tipo de organização social prevalecente na Bahia. Ao contrário dos

---

[12] Idem, ibidem, p. 366.
[13] Idem, ibidem, p. 367.
[14] Idem, ibidem, pp. 365 e 367-368.
[15] Idem, ibidem, pp. 37-39.
[16] Idem, ibidem, pp. 40-42.
[17] Idem, ibidem, pp. 44-45.

Estados Unidos, não tínhamos castas, mas tão-somente classes, e como não criamos uma minoria racial autoconsciente, inexistia o problema racial. Nas hipóteses 15 e 16 ele salienta tal perspectiva e na hipótese 17 afirma:

> *"toda a organização social da Bahia tende a assumir a forma de uma ordem de livre competição, na qual os indivíduos encontram seu lugar pelos critérios da competência e realizações pessoais e circunstâncias fortuitas, mais que por sua origem racial."*[18]

Para Pierson, portanto, a dificuldade enfrentada pelos descendentes de escravos *"é um problema econômico e educacional e, de nenhum modo um problema racial."*[19]

Portanto, a sua argumentação confirma a teoria geral da Escola de Chicago, protagonizada por Robert Park, representando uma contribuição objetiva e concreta ao campo político das relações raciais na sociedade norte-americana. A sociedade investigada, embora atrasada, quase-medieval, pré-industrial, recuperou *"no que diz respeito às diferenças raciais, aquela inocência paradisíaca que o povo dos Estados Unidos de algum modo perdeu"*. Assim, mesmo *"tendo uma população de cor proporcionalmente maior que a dos Estados Unidos, o Brasil não tem problema racial,"*[20] afirma, na Introdução da 1ª edição norte-americana, Robert Park.

Em verdade, a Bahia era um exemplo de situação racial, de convivência de descendentes de africanos e europeus, para o mundo, e em especial para os Estados Unidos.

II – O contexto intelectual brasileiro

No seu depoimento à antropóloga Mariza Corrêa, o autor americano expõe aqueles que lhe auxiliaram na interpretação da realidade brasileira.

---

[18] Idem, ibidem, p. 365
[19] Idem, ibidem, p. 53.
[20] Idem, ibidem, pp. 83-85.

"O bom intérprete da vida-em-comum e cultura brasileiras, Gilberto Freyre, por exemplo, residente no Rio naqueles dias, e cujos livros eu estava 'assimilando' com muito proveito, gentilmente convidou-me, e à minha senhora, para tomarmos refresco no Salão de Chá Colombo, junto com outro ilustre brasileiro cujos livros estavam abrindo as portas da cultura-de-folk que íamos, em parte, estudar – José Lins do Rego, também do Recife. Os livros de Oliveira Vianna e conversas com ele estimularam o pensamento; e ele amigavelmente nos deu cartas de apresentação para a Bahia."[21]

Portanto, ele contata com a matriz tradicional brasileira de então, em torno das relações raciais, no caso Oliveira Vianna, e com a vanguarda, ou seja, Gilberto Freyre.

Oliveira Vianna pensava a raça como um problema biológico, sendo o negro e mesmo os mestiços inferiores. O Censo brasileiro de 1920, em que não constou o quesito cor, tem na sua Introdução um estudo de Oliveira Vianna, denominado *"O Povo Brasileiro e sua Evolução"*. Nele, a partir de dados extremamente discutíveis, o autor estabelece:

"Os elementos inferiores que formam o nosso povo, estão sendo, pois, rapidamente reduzidos, a) pela situação estacionária da população negra; b) pelo augmento contínuo dos affluxos aryanos nestes últimos tempos; c) por um conjunto de selecções favoráveis, que asseguram, em nosso meio, ao homem de raça branca condições de vitalidade e fecundidade superiores aos homens de outras raças. Esse movimento de aryanização, porém, não se limita apenas ao augmento do volume numérico da população branca pura; tambem as selecções ethnicas estão operando, no seio da propria massa mestiça, ao sul e ao norte, a reducção do coeficiente dos sangues inferiores. Isto é, nos nossos grupos mestiços o quantum de sangue branco cresce cada vez mais, no sentido de um refinamento cada vez mais apurado da raça."[22]

---

[21] Depoimento de Donald Pierson. In Corrêa, Mariza. op. cit. p. 37.
[22] Vianna, J. J. Oliveira. O Povo Brasileiro e sua Evolução. In: *Recenseamento do Brazil*. 1920. Rio de Janeiro: Diretoria Geral de Estatística. Ministério da Agricultura, Indústria e Comércio. Typographia da Estatística, 1922.

Essa perspectiva de embranquecimento, óbvio, sem o racismo biologizante de Oliveira Vianna, está contida na primeira hipótese de Donald Pierson:

"Embora fossem provavelmente importados mais africanos para o Brasil que para os Estados Unidos ou qualquer outra região do Novo Mundo, eles e seus descendentes, como unidade racial, estão gradual, mas inevitavelmente, desaparecendo, tal como os ameríndios desta área antes dêles, biologicamente absorvidos pela população predominantemente européia. Os mestiços mais claros estão absorvendo os pretos e estão, por sua vez, sendo absorvidos pela população de ascendência predominantemente européia."[23]

Donald Pierson nas suas restrições à mestiçagem, aponta que a

"endogamia existe ainda, contudo, num segmento numèricamente pequeno da classe "superior", inclusive certas famílias que manifestam um orgulho invulgar a respeito de sua origem européia e, dum modo ainda mais firme, algumas famílias entre a aristocracia latifundiária..."[24].

Oliveira Vianna, com outra perspectiva, diz:

"Outro facto, que parece reforçar tambem a presumpção da presença de dolico-louros, puros ou mesmo cruzados com celtas, na massa da nossa primitiva população, é o soberbo eugenismo de muitas famílias da nossa velha aristocracia rural. Os CAVALCANTI ao norte, os PRADOS, os LEMES, os BUENOS ao sul, são exemplos de famílias excepcionaes, que tem dado ao Brazil, ha cerca de trezentos annos, uma linhagem copiosa de authenticos grandes homens, notaveis pelo vigor da intelligência, pela superioridade do caracter, pela audacia e energia da vontade."[25]

Gilberto Freyre, autor do clássico *Casa Grande & Senzala*, contrapondo-se a Oliveira Vianna, é o criador de uma renovada ima-

---

[23] Pierson, Donald. op. cit. p. 362.
[24] Idem, ibidem, p. 363.
[25] Vianna, Oliveira. op. cit. p. 317.

gem das etnias que formaram a sociedade nacional, oferecendo uma nova versão ideológica e um sentimento positivo do ethos brasileiro. No seu propósito, dois elementos são básicos: primeiro, a ênfase na predominância dos elementos socioculturais em detrimento da raça, como fator explicativo de nossa formação social. Segundo, a valorização positiva da miscigenação como prova fundamental da plasticidade do empreendimento colonizador, condição de adaptabilidade aos trópicos e elemento de integração da sociedade.

Para Gilberto Freyre é o português com sua plasticidade que vem provar definitivamente, no Brasil, a sua aptidão para a vida tropical, vindo criar aqui uma sociedade agrária, escravocrata e híbrida. A sociedade assentada na monocultura latifundiária e escravocrata traz na sua base familiar e comunitária a possibilidade de abrandar a dureza da dominação, diminuir as distâncias sociais e culturais entre os extremos da sociedade, pela miscigenação de raças e culturas. Isso permitiu uma singular acomodação e harmonia entre senhor e escravo, preto e branco, pai e filho, homem e mulher, gerando, para além dos antagonismos, zonas de convivência e confraternização, que permitiram a formação, no Brasil, de uma civilização original. Assim, criamos uma sociedade sem atitudes ou sentimentos preconceituosos contra negros e mulatos, devido aos efeitos democratizantes da miscigenação. Nenhuma figura encarna melhor essas idéias que a do "mulato", como expressão da plasticidade e mobilidade social que caracterizam a sociedade brasileira. Enfim, predomina na sua análise a democratização de nossas relações raciais, através do realce concedido às idéias de conciliação, convivência pessoal e harmonia entre os contrários.

Em Donald Pierson, da hipótese 2 a 7, temos uma leitura atenta das idéias esposadas por Gilberto Freyre. Mostrando como as relações pessoais entre a família do senhor e seus escravos humanizaram a escravidão e solaparam o seu caráter formal (hipótese 7); ressaltando o sentido histórico e contínuo do cruzamento inter-racial, sem a formação de um grupo racial misto, permanente e sociologicamente à parte (hipóteses 2, 3, 4); enfatizando como a miscigenação, particularmente quando unida ao intercasamento, colocou os mestiços em posição favorável quanto à ascensão social e como

> *"Com a elevação de status, o intercasamento entre brancos e mestiços (especialmente os mais claros) tornou-se cada vez mais comum; e, com a contínua ascensão de pessoas de côr anteriormente de status inferior, esta tendência parece estar aumentando"*[26] *(hipóteses 5 e 6).*

Portanto, Donald Pierson conseguiu, ao retirar o racismo biolologizante das interpretações de Oliveira Vianna, conciliar o autor brasileiro da linha conservadora do estudo das relações raciais, com a linha de análise então revolucionária, moderna, de Gilberto Freyre. Afinal, para ele, a miscigenação não afastava o embranquecimento.

Em verdade, foi um livro que mereceu entusiástico aplausos, acolá e aqui: atendia aos interesses políticos de uma área progressista da Academia norte-americana, ao mostrar que mesmo numa região atrasada do mundo, existiam relações harmoniosas entre descendentes de africanos e europeus; e no Brasil, agradava a conservadores e revolucionários, dizendo que estávamos embranquecendo, mas éramos uma democracia racial.

III – O material etnográfico

Uma crítica geral à metodologia utilizada no trabalho de campo por Donald Pierson já foi efetivada por Russel-Wood: a excessiva importância concedida às respostas oferecidas pelos informantes.[27] Nela, a sociedade é analisada em termos daquilo que alguns dos seus participantes conhecem conscientemente sobre esta sociedade. Nenhuma reflexão se estabelece sobre a natureza do conhecimento, sendo a sociedade explicitada por meio de categorias "nativas". A investigação confunde o modo pelo qual uma sociedade se representa com a explicação sobre o modo pelo qual ela se constitui e se

---

[26] Idem, ibidem, p. 363.
[27] Russel-Wood, A. J. R. Race and Classe in Brazil, 1937-1967. A re-assessment: a review. *Race*, X , 2 , 1968, p. 187.

reproduz, ou seja, não há "*nenhuma ruptura analítica no sentido de revelar estruturas ou processos imanentes que não se reduzam à manifestação visível dos fenômenos sociais.*"²⁸

Entretanto, se o seu caminho teórico e as suas interpretações, de certa forma, foram tragadas pela contingência temporal, outros planos do seu trabalho permanecem contemporâneos, atualizados.

A aliança de técnicas de investigação, da observação participante ao questionário, revelam um etnógrafo meticuloso e criterioso, na tentativa de apreensão da realidade social. Os seus dados, fruto da observação acurada ou da forma como os indivíduos representavam a sociedade, em momento em que não possuíamos censos ou estudos específicos sobre a situação racial, permanecem únicos e singulares. Diria que são um retrato veraz, inclusive contrariando suas interpretações, da sociedade da época.

Na primeira parte do livro, denominada "O cenário", encontramos uma rica descrição da cidade, do ponto de vista ecológico e social. No primeiro capítulo, intitulado "O porto da Bahia", fazemos um "passeio" histórico e geográfico pela mais tradicional das cidades brasileiras, estável, com poucas mudanças, ainda "*orientando a vida, quase pelos mesmos velhos e familiares caminhos.*"²⁹ Área "*culturalmente passiva*", "*onde existiam uma estabilidade e uma ordem que relembravam a Europa da Idade Média.*"³⁰ No segundo capítulo, denominado "Distribuição espacial das classes e cores", temos uma rigorosa etnografia da estratificação sócio-espacial de Salvador. Ainda hoje os seus dados permanecem atuais, sendo utilizados por urbanistas e sociólogos.³¹ Pierson mostrou um quadro de forte segregação residencial por cor, embora no seu otimismo concluísse que a segregação só existia na medida em que cor e classe coincidissem.

---

²⁸ Durham, Eunice R. A pesquisa antropológica com populações urbanas: problemas e perspectivas. In: Cardoso, Ruth (org.). *A aventura antropológica.* Teoria e Pesquisa. Rio de Janeiro: Paz e Terra, 1986, p. 23.
²⁹ Pierson, Donald. op. cit. p. 97.
³⁰ Idem, ibidem, p. 97.
³¹ Ver, por exemplo Telles, Edward E. Cor da pele e segregação residencial no Brasil. *Estudos Afro-Asiáticos,* nº 24, jul., 1993, p. 7.

A segunda parte do livro, correspondente à "A Escravidão", já não apresenta grande significado nos dias de hoje, pela considerável revisão da historiografia e antropologia sobre o tema em questão. A terceira parte, com os capítulos "A miscigenação e a diluição da linha de cor" e o "Casamento inter-racial", continua, em certos aspectos, extremamente atual. No primeiro, não obstante as suas interpretações "embranquecedoras", os dados coligidos mostram a composição racial de Salvador, expressamente "escura". Importante torna-se salientar que as suas amostras, numa época sem censos, são as únicas para caracterizar a nossa situação racial. No segundo, também não obstante suas interpretações, temos um lídimo retrato das representações e práticas baianas em torno do casamento inter-racial.

Na parte quarta, denominada "Raça e 'status' social", volta à cena o arguto observador da vida baiana, sobretudo nos capítulos "Composição racial das classes na sociedade baiana" e "Ideologia racial e atitudes raciais".

Colidindo com suas teses, Pierson revela uma nítida estratificação racial na distribuição das ocupações em Salvador. Os pretos, em atividades manuais, tradicionais, autônomas; os mulatos, de uma forma geral estavam contidos em posições ocupacionais marcadas pelo vínculo empregatício, porém não requerentes de maior qualificação e sem maior prestígio na hierarquia das ocupações. No entanto, um segmento minoritário dos mestiços, sobretudo os "embranquecidos", de forma reduzida mas intermitente, promovia a sua ascensão social, atingindo postos ocupacionais de relativo ou muito prestígio social. Enquanto os brancos permaneciam na estrutura ocupacional abarcando as posições mais significativas e prestigiosas de Salvador. Acredito tenha sido este capítulo a grande fonte de inspiração temática, metodológica e até mesmo interpretativa do futuro "As elites de cor", de Thales de Azevedo.[32]

No capítulo seguinte, apresenta um perfil congruente da nossa ideologia e atitudes perante a questão racial, uma visão de "dentro", nativa, da forma como os brasileiros equacionavam a

---

[32] Azevedo, Thales de. *As elites de cor.* São Paulo: Companhia Editora Nacional, 1955.

problemática racial e a presença do negro. "Material bruto" da maior importância para a compreensão da ideologia racial vigente, lamentavelmente sem a lapidação necessária por parte do autor americano. Quando interpreta é para justificar a situação do negro como causada pelas desvantagens educacionais ou econômicas, decorrentes do seu atraso devido à escravidão, nunca como um fenômeno derivado do racismo desencadeado após a Abolição. E que a ausência de uma identidade racial por parte dos negros era um sinal evidente da inexistência de problema racial na Bahia. Mesmo quando um jovem jornalista, no II Congresso Afro-Brasileiro, realizado em 1937, em Salvador, denuncia a condição econômica e social do negro no Brasil, ele diz que o *"autor estava chamando a atenção para um problema econômico no Brasil e não para um problema de raça 'per se."*[33]

Na parte final do livro, o autor mostra a presença da herança africana em nossa formação sociocultural. O último capítulo é todo ele dedicado ao candomblé, seus ritos e significados: localização, divindades, hierarquias, possessão, ritos de iniciação, cerimônias festivas e valores religiosos. Entretanto, não obstante o rigor das suas observações, o seu etnocentrismo o leva a contrariar até mesmo o que ele próprio narra. Por exemplo, ele achava que a Igreja Católica conseguiu incorporar à sua organização todos os membros do culto afro-brasileiro. Assim, a venerável mãe-de-santo Aninha, levava, todos os anos, suas filhas-de-santo e ogãs para assistir a uma missa no Bonfim. E no cinqüentenário de morte de um importante babalaô, havia mais de cem personagens do mundo afro-brasileiro. E que o babalaô, cujo pai era honrado, disse: *"Ontem, no terreiro, dançamos durante a noite todas as danças fúnebres para meu pai."*[34] Mesmo sem considerar que naquele momento as religiões de origem africana eram objeto de forte perseguição policial, admitindo-se a absorção histórica do catolicismo pelos negros, difícil é aceitar a dinâmica transcultural como um fenômeno de mão única. Fiéis

---

[33] Pierson, Donald. op.cit. p. 263.
[34] Idem, ibidem, pp. 330-331.

do candomblé que participavam de cerimônias e crenças católicas não faziam emergir uma nova realidade religiosa, nova e original, se não na liturgia, ao nível do significado?

No capítulo sobre "Os africanos" ele mostra a presença de duas culturas relativamente autônomas e independentes em Salvador: a européia, da "classe superior" baiana, e uma cultura popular, marcadamente de origem africana. Cultura popular que ele concede grande destaque – roupas, alimentação, música, dança, instrumentos musicais, medicinas alternativas, religiosidade – em detrimento da européia, uma simples cópia, na vida da população de Salvador. Entretanto, ele chega à conclusão que tais manifestações eram "*sobrevivências culturais africanas*" e que elas estavam desaparecendo na Bahia.[35] Apenas um pequeno grupo as mantinha, retardando o desenvolvimento de um corpo comum de conhecimentos e gerando o auto-isolamento. A maioria dos pretos baianos, para ele, já tinha deixado de lado sua identificação com a África e assimilado o mundo europeu.[36]

Entende-se agora mais nitidamente sua posição em relação ao mundo religioso afro-brasileiro e às demais manifestações, ou seja, a afirmação etnocêntrica da hegemonia do mundo europeu, aliada à perspectiva assimilacionista da Escola de Chicago. Mais: a divisão porventura existente entre pretos e brancos devia-se ao atraso cultural daqueles ainda identificados com a herança africana. O irônico é que um civilizado como Donald Pierson tenha aceito o posto de ogã no candomblé do pai-de-santo Procópio. E que no seu depoimento tenha se referido às lideranças do mundo religioso afro-brasileiro de maneira extremamente positiva.

Vale ainda ressaltar, do ponto de vista etnográfico e histórico, os apêndices: a) o depoimento de um negro importante; b) os ditos sobre a gente de cor; c) suas anotações sobre a festa do Bonfim. E como último apêndice, o seu projeto de pesquisa, revelando a história natural da sua investigação.

---

[35] Idem, ibidem, p. 302.
[36] Idem, ibidem, p. 301.

Conclusões

Em texto relativamente recente, Robert Crépeau diz que "*o etnógrafo que estuda os trabalhos de um cientista, sejam eles acadêmicos ou não, pode demonstrar a existência de laços entre seu itinerário individual e o imaginário nacional.*"[37] E que, embora o campo intelectual e político sejam distintos, o cientista pode optar pela atuação nos dois campos.[38] Donald Pierson enquadra-se perfeitamente em tais considerações. Originário de uma nação dividida pela questão racial, foi buscar em outra realidade, atrasada e distinta histórica e culturalmente, um exemplo de empreitada bem-sucedida na resolução dos problemas raciais. Éramos, segundo Robert Park, na introdução da 1ª edição, sempre contrastivamente à situação norte-americana, um dos mais importantes "melting-pots" de raças e culturas, absorvendo o homem de cor, com uma ideologia positiva em relação ao negro e sem desenvolver a ameaçadora solidariedade política e cultural da nação.[39] E Donald Pierson foi além, ao incorporar também o imaginário nacional do Outro, que queria ser branco, mas não podia negar a ampla miscigenação e o sincretismo cultural presente nas terras brasileiras.

Porém, muito mais profundos que os seus resultados no campo político, foram os seus legados no campo acadêmico. O Mestre, no sentido atribuído por Mariza Corrêa, que viria a ser para a Sociologia e Antropologia brasileiras, criando a tradição de pesquisa sistemática, linguagem nova, temáticas originais e fundando instituições, lança as suas bases na iniciação efetivada na Bahia. Um itinerário intelectual ascendente, mas sem cortes, sem qualquer ruptura. Tudo foi importante a seguir, mas os pressupostos com a sua passagem pela "velha cidade da Bahia" já estavam lançados.

---

[37] Crépeau, Robert R. A Antropologia indígena brasileira vista do Quebec: uma proposta de pesquisa. In: Oliveira, Roberto Cardoso de e Ruben, Guilhermo Raul (Orgs.). *Estilos de Antropologia*. Campinas: Editora da Unicamp, 1995, p. 141.
[38] Idem, ibidem, p. 141.
[39] Park, Robert E. Introdução à 1ª edição norte-americana. In: Pierson, Donald, op. cit. 1971, pp. 82-84.

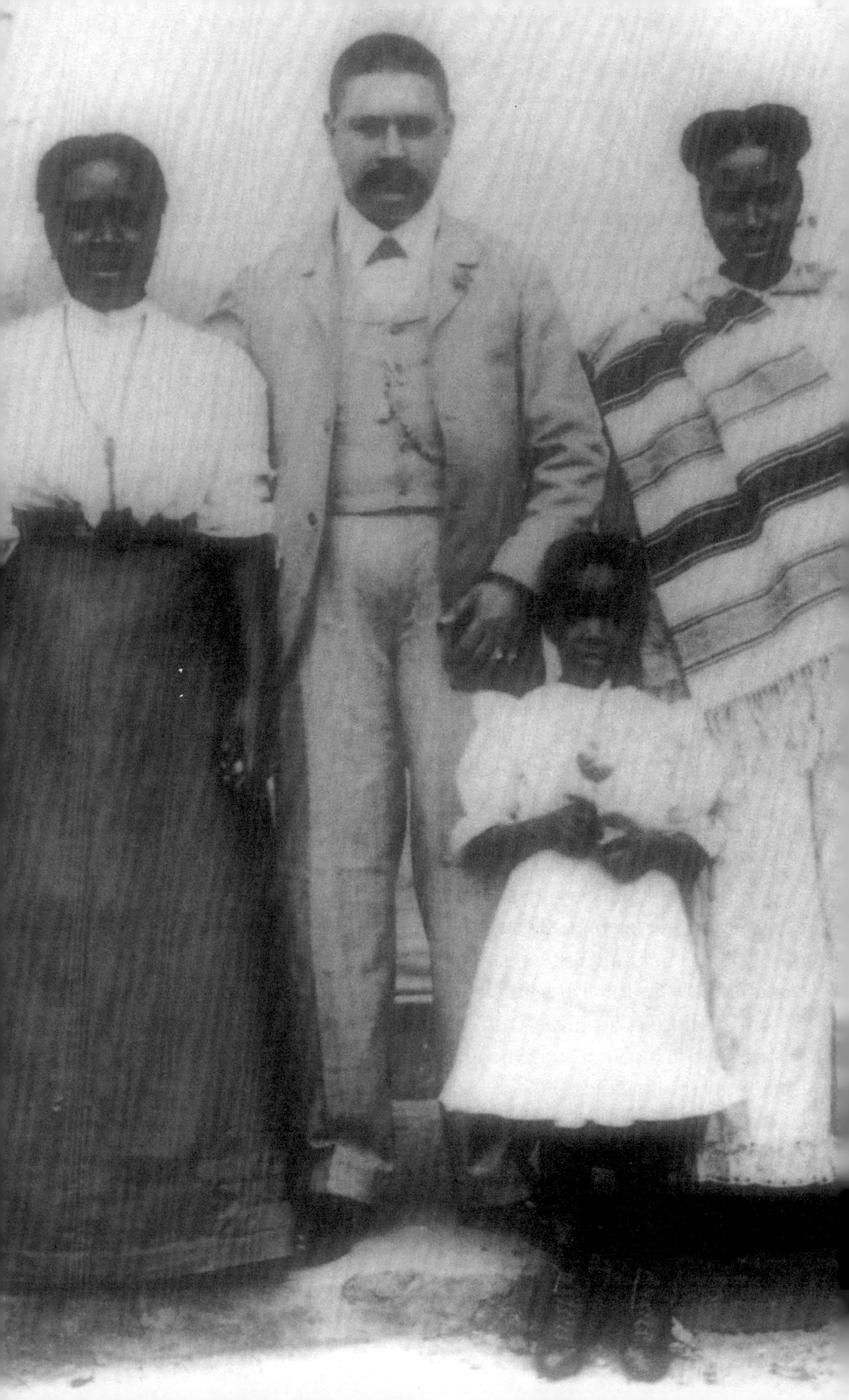

4
OS IMIGRANTES, ESTRANGEIROS E NEGROS NA BAHIA DE JORGE AMADO*

Introdução

Quero começar dizendo o que penso de antropólogos e literatos. Os antropólogos, na sua aspiração à neutralidade e objetividade, esperam e crêem que o seu pensamento é um espelho do real. Não sendo "nativos bem informados", a sua tarefa básica não é descritiva mas sim explicativa de condutas, pautada numa escolha teórica. Portanto, os antropólogos são delimitados e limitados pelo "objeto" que eles próprios constituem; admitindo assim, hoje, com humildade mas sem modéstia, a sua interpretação das formas de vida na sociedade não como a perspectiva, mas sim como mais um olhar onde a clareza e a lógica seriam os valores máximos. Já em relação aos homens de literatura, os situo como mentirosos irreversíveis que, por "desígnios inexplicáveis", algumas vezes chegam a grandes verdades. E isso porque literatura é vida humana na sua essência, densa de força, fraqueza e mistério, com suas contradições, paradoxos e ambigüidades: uma formulação de como os homens realmente são. Dessa forma, será a partir dessas premissas que desenvolverei meus objetivos nos "caminhos da Vila Velha", ou seja, intentar a análise antropológica da presença de imigrantes e estrangeiros,

---

* Trabalho apresentado originalmente no Seminário "Caminhos da Vila Velha", em 1995, organizado pela Fundação Casa de Jorge Amado e Museu Carlos Costa Pinto e publicado pelas mesmas instituições na coletânea "Bahia, a cidade Jorge Amado", em Salvador, no ano de 2000, aqui aparecendo com substanciais alterações.

e como corolário os negros, na sociedade de Salvador, a partir da obra de Jorge Amado.

I – Imigrantes e Estrangeiros

Muito cedo, ainda no século XIX, verificou-se entre os grupos dominantes da Bahia, inclusive antevendo o fim do trabalho escravo, uma preocupação em torno da imigração estrangeira.[1] Prosseguiu o interesse em nosso século, porém, com o retrocesso econômico nordestino e baiano, jamais tivemos massa considerável de grupos estranhos aos formadores do bloco inicial de nossa sociedade. Vale salientar que a imigração sempre pretendida foi para o campo, nunca para Salvador. Afinal, na "sociedade da tradição", que pensa a Abolição e "recebe" a República sem transformações substanciais, não se queria trabalhadores estrangeiros para provocar sublevações na ordem estabelecida, sobremodo pelas idéias revolucionárias que podiam disseminar na massa trabalhadora negra. Assim, jamais os imigrantes tiveram maior ressonância em termos demográficos em Salvador, atingindo, por exemplo, em 1942, apenas 6.300 indivíduos.[2] A obra do autor baiano reflete de certa forma tal situação, uma vez que, das 2.466 criaturas[3] da sua ampla bibliografia, nos nove romances[4] por mim lidos, mais afins a Salvador, encontrei – com todos os equívocos porventura cometidos – apenas 43 imigrantes e quatro estrangeiros.

---

[1] Sobre o assunto, ver: Lira, Henrique Jorge Buckingham. *Colonos e Colônias*: uma avaliação das experiências de colonização agrícola na Bahia na segunda metade do século XX. Salvador: Dissertação de Mestrado em Ciências Sociais, 1982 (mimeo.)

[2] Em 1920, Mário Augusto aponta a presença de 7.763 estrangeiros em Salvador. Já Thales de Azevedo na década de 1950 mostra existirem em torno de 6.900 estrangeiros. In: Santos, Mário Augusto da Silva. *Sobrevivência e Tensões Sociais* (1890-1930) São Paulo: Tese de Doutorado em História -USP, 1982 (mimeo.) e Azevedo, Thales de. *As elites de cor.* São Paulo: Nacional, 1955 (Col. Brasiliana).

[3] Tavares, Paulo. *Criaturas de Jorge Amado.* Rio de Janeiro/Brasília: Record/INL, 1985.

[4] *Jubiabá, Suor, Mar Morto, País do Carnaval, Dona Flor e seus Dois Maridos, Pastores da Noite.* São Paulo: Livraria Martins Editora, 1971; *Tenda dos Milagres.* Rio de Janeiro: Record, 1984; *Os Velhos Marinheiros ou o Capitão de Longo Curso.* Rio de Janeiro: Record, 1986; *O Sumiço da Santa.* São Paulo: Círculo do Livro, 1988. Para não cansar o leitor, à proporção que os personagens sejam nominados no texto, indicaremos apenas o título do livro.

Cidade portuária, Salvador foi desde o século XIX sítio privilegiado da acolhida de "visitantes estrangeiros"[5] e no século XX assim permaneceu. Gente que por motivos diversos – passear, estudar, desenvolver trabalho específico etc. – encontra-se momentaneamente – cuja duração pode ser de uma semana, meses ou anos – em nossa cidade. Já o imigrante é o indivíduo que se transfere de sua sociedade de origem para vender sua força de trabalho ou aplicar capital (mais raro), fixando-se – com ansiado desejo de retorno, muitas vezes nunca concretizado – em outro cenário social. Afinal, conforme veremos, torna-se importante distinguir quem vem para Salvador fazer palestras ou turismo, de quem chega para vencer na árdua batalha pela sobrevivência.

Na sua obra em Salvador, Jorge Amado apresenta, conforme a "nacionalidade", o seguinte quadro de personagens imigrantes e estrangeiros:

Espanhóis	12
Árabes	9
Italianos	5
Norte-americanos	4
Portugueses	3
Franceses	3
Judeu	1
Argentino	1
Finlandês	1
Alemães	2
Russo	1
Suíço	1
Peruano	1
Holandês	1
Chineses	2

---

[5] Augel, Moema Parente. *Visitantes estrangeiros na Bahia oitocentista*. São Paulo: Cultrix, 1980.

Estrangeiros no quadro acima são a finlandesa Kirsi, o norte-americano Levenson[6] e os franceses Pierre Verger e Robert.[7]

Nesse plano do trabalho, como opção, devido à visibilidade e presença marcante na vida social de Salvador, concentraremos a análise nos grupos nacionais espanhol, italiano e "árabe".

Para Jorge Amado não existiria, consoante os seus personagens, uma Espanha, mas várias Espanhas. Temos o anarquista agnóstico,[8] o culto León Esteban,[9] o *"acreditado negociante Manolo Moreira"*,[10] o negociante "sabido" Pepe Oitocentas[11], o "franquista José Antonio Hernandez".[12] O escritor baiano não constrói uma identidade nacional espanhola, mas deixa indelével, sobremodo em *O Sumiço da Santa*, uma marca de sua constituição: a Guerra Civil Espanhola. Guerra que somente pode ser entendida nas verdades das múltiplas Espanhas que faziam o país, guerra de ideologias que consagra as divisões de uma nação dilacerada. E o autor grapiúna não esconde "o seu lado", na construção mordaz do sevilhano *"de porte militar nos desfiles da Falange"*.[13] Mas que não o acusem de usar a literatura para vinganças ou querelas pessoais. Isso pode ser visto expressamente no generoso perfil que traça para o proprietário da Livraria Espanhola, Don León Esteban: *"informado, lido, de trato discreto e agradável, homem honrado"*.[14] Em verdade, a Libreria Espanhola existiu desde 1919, na Rua do Colégio (atual Praça da Sé), nº 12, esquina com a Rua do Bispo, sendo seu proprietário Francisco León Santos, Don Paco, e que, segundo seu filho Santiago León, era um *"fervoroso adepto do Generalíssimo Francisco Franco, enquanto o jovem Jorge Amado era um ativo comunista"*.[15]

---

[6] *Tenda dos Milagres*.
[7] *Dona Flor* e *Jubiabá*, respectivamente.
[8] *Suor*.
[9] *Tenda dos Milagres*.
[10] *Sumiço da Santa*.
[11] *Pastores da Noite*.
[12] *Sumiço da Santa*.
[13] *Sumiço da Santa*.
[14] *Tenda dos Milagres*, pp. 227-228-233.
[15] León, Santiago. Francisco León Santos, pioneiro na Introdução, Divulgação e Venda do Livro Espanhol na Bahia (datil.)

Porém, em relação às identidades regionais espanholas, ganha destaque a galega, através de um personagem fundamental na trama de *Pastores da Noite*. Ao contrário dos galegos da Casa Moreira, "*acreditado comércio de antigüidades*",[16] que no *Sumiço da Santa* merecem poucas linhas e "somem", o comendador José Perez, o velho Pepe Oitocentas, estará presente de forma visceral nos *Pastores da Noite*. Jorge Amado reflete o senso comum, as representações e imagens mentais que se fazia em Salvador do povo do noroeste da Espanha. Aquilo que aparece de forma contextualizada na visão antropológica[17] dos galegos, o escritor expressa nitidamente na sua caracterização: fortuna feita à base da exploração do povo, através de uma forma peculiar de fazer negócios nas padarias, ou seja, tornando oitocentos gramas um quilo, daí a denominação do personagem. Ajunta-se à forma de negociar a avareza dos galegos.

Em verdade, ele expressa a imagem construída nos jornais – e pelos poetas populares[18] de então – e amplamente disseminada na sociedade de Salvador por mais de 50 anos do nosso século. E para não dizer que estou querendo jogar o amigo de Manolo Moreira contra a briosa colônia espanhola – o maior grupo de imigrantes de Salvador, concentrado majoritariamente na primeira metade do século no Centro Histórico –, faço justiça, através de um personagem, ele admite "honrosas exceções".[19]

Ao abordar os italianos, através dos seus personagens ele constrói um "caráter nacional": supersticioso[20] (Giovanni), explorador e desumano (a italiana de *Suor*),[21] ladrão, mafioso, libertino[22] (Bonfanti e Moulas). Mais, ratifica os estigmas que contemplam um dos povos do sul da Itália: os calabreses. Seja em Pelanchi Moulas, o rei do jogo e da contravenção ou na reação de Bonfanti,

---

[16] *Sumiço da Santa*, p. 54.
[17] Bacelar, Jeferson. *Galegos no Paraíso Racial*. Salvador: EDUFBA /CEAO/IANAMÁ, 1994 e Braga, Célia Maria Leal. *Memórias de Imigrantes Galegos*. Salvador: EDUFBA, 1995.
[18] Sobre o assunto, ver Lima, José. *Folk-lore baiano*. Salvador: s/e e s/d, pp. 83 a 88
[19] *Pastores da Noite*, p. 220.
[20] *Capitão de Longo Curso*.
[21] *Suor*.
[22] *Tenda dos Milagres* e *Dona Flor e seus Dois Maridos*.

marcando as divisões regionais italianas: *"Me chame de ladrão, não me chame de calabrês, io sono toscano. Dio Merda!!"*[23]

Casado com uma legítima descendente de italianos, provavelmente a construção estereotipada de uma identidade nacional italiana deva-se às marcas no seu inconsciente da brasilidade xenófoba desenvolvida na sua juventude durante a Segunda Grande Guerra, em função do "povo da bota" formar ao lado das forças do Eixo.

No que tange à presença árabe em Salvador, Jorge Amado estabelece uma perfeita configuração do roteiro dos imigrantes. Identifica três sírios, quatro árabes e um membro da Arábia para caracterizar a origem nacional dos seus personagens. Pergunto-me: não terá sido uma distração do autor referir-se à Arábia, na medida em que nossos árabes, em sua quase absoluta maioria eram maronitas cristãos da Síria e do Líbano?[24]

Inicialmente, através de Toufick (*Mar Morto*), ele mostra a saída dolorosa do seu rincão natal para a luta pela sobrevivência numa sociedade longínqua e estranha. Ele viera *"de uma aldeia entre os desertos, vencera mares de areia, para vir ganhar a vida do outro lado da terra"*.[25]

Três foram os grandes centros de atração de sírios e libaneses: primeiro, por volta de 1900, a Amazônia – ricamente exposta por Emil Farhat, em *Dinheiro na Estrada. Uma Saga de Imigrantes*[26] – o segundo, a cidade de São Paulo[27] e, o terceiro, a zona agrícola do sul de Minas Gerais.

Pequena foi a imigração árabe no Brasil, menor ainda para a Bahia, provavelmente dezenas, umas poucas centenas, não mais. Porém, quem das gerações anteriores à minha, sobretudo se morador do Pelourinho, não teve um "turco"[28] na sua vida em Salvador?

---

[23] *Tenda dos Milagres*, p. 317.
[24] Sobre o assunto, ver Duoun, T. *A emigração sírio-libanesa às terras da promissão*. São Paulo: Tipografia Editora Árabe, 1944.
[25] *Mar Morto*, p.218.
[26] Farhat, Emil. *Dinheiro na Estrada*. Uma saga de emigrantes. São Paulo: T.A. Queiroz, 1986.
[27] Knowlton, Clark S. *Sírios e Libaneses*. São Paulo: Editora Anhambi, 1960.
[28] A expressão "turco", muitas vezes usada jocosamente pelos baianos, era considerada uma afronta para os sírio-libaneses serem identificados com seus históricos invasores.

Eram os árabes, na sua fase inicial na sociedade de adoção, em grande parte mascates, gente pobre que lutava para juntar capital. E o nosso autor em questão mostra o sírio Ibrahim de freguês em freguês, com sua mala, ladeira baixo, ladeira acima. Só que o sírio já não carrega a mala, tem um negro, Zé Inácio para fazê-lo, "*a troco de algumas moedas que mal davam para comer*".[29]

No terceiro plano, Jorge Amado já apresenta o imigrante ascendente, o empreendedor vitorioso, o árabe mais rico da cidade: F. Murad.[30] No entanto, ele não mitifica o "vencedor" – perspectiva sempre alentada pelo imigrante e por muitos cientistas sociais – ao demonstrar o seu afastamento e ausência de legitimidade social no seu grupo de origem. Muitos dos outros árabes o odiavam, diziam que ele não apoiava os patrícios, e até mesmo o desqualificam ao mostrar a contravenção como origem de sua fortuna. Eu diria que a superação do mito do empreendedor dinâmico partindo do zero, com a respectiva assunção do mito da riqueza do estrangeiro como um produto da exploração ou desonestidade, é uma versão corrente, plenamente incorporada no imaginário das camadas populares da Bahia na primeira metade do nosso século.

Em seguida, o autor mostra a discriminação que sofriam, a xenofobia e o racismo sempre presentes na sociedade brasileira. Imigrantes não desejados para o nosso pretendido embranquecimento, portadores de culturas minoritárias e envolvidos em atividades especulativas, voltadas predominantemente para as categorias sociais inferiores, eram rechaçados pelas elites e pela massa. E será um brasileiro pobre, vítima das estrepolias das crianças, que exporá tal perspectiva:

> "*Queria vê-lo morrer queimado, as chamas lambendo aquele corpo gordo. Cairia um óleo no meio das chamas. E procurava acertar o guarda-chuva em Zebedeu, gritando: – Gringo! Gringo filho da puta*".[31]

---

[29] *Tenda dos Milagres*, p. 219.
[30] *Mar Morto*.
[31] *Suor*.

E afinal, os descendentes dos árabes, as gerações nascidas na Bahia, ávidas pela aceitação e integração na sociedade. Adultos, desejando livrar-se do estigma de estrangeiro que cercara toda a sua infância e adolescência, tornam-se mais brasileiros que os próprios brasileiros de ascendência nativa. E tal situação fica explícita em *Dona Flor e seus dois Maridos*, através do "Seu Chalub", do Mercado, filho de sírios, brasileiro de primeira geração, ao reagir às celebrações patrióticas do portenho Bernabó: "*Se a indústria de lá é tão melhor, se a vida é tão formidável, por que então você montar aqui a sua olaria?*" E prossegue adiante: "*– Coisa nenhuma [...] Uma terra onde não tem mulatas, tudo umas brancarronas, isso é lugar onde ninguém more. Faça-me o favor*".[32]

Lamentavelmente, os árabes que tanto colorido na sua marcante visibilidade ofereceram às nossas ruas, sobretudo as do Centro Histórico de Salvador, não mereceram da parte de nós antropólogos uma mínima monografia.

Portanto, no primeiro tempo de nosso trabalho o que vimos foi um Jorge Amado como a voz da sociedade, a expressar opiniões, conjecturas, impressões, redundantes em estereótipos, imagens e identidades, tal qual o fazemos ordinariamente. Um nativo estrito e totalizante.

II – Grupos Nacionais e Étnicos Minoritários

Falarei no segundo tempo do meu trabalho sobre os grupos minoritários, os dominados, enfocando basicamente o romance *Suor*.

Em passado bem recente, assistimos à revisão crítica dos postulados que sustentavam a análise das classes sociais brasileiras, sobretudo no período da Primeira República. A ausência de "*homogeneidade étnica e uniformidade cultural*" das massas consistiu, mesmo para os anarquistas, socialistas e comunistas, protagonistas maiores do movimento operário de então, num estorvo

---
[32] *Dona Flor*, p. 275.

para as suas tentativas de organização.³³ Posteriormente, na análise de tal período, vários autores montaram uma imagem paradigmática da classe trabalhadora, cujo traço distintivo era a sua negatividade: sendo o seu ponto crucial a diversidade interna desses trabalhadores. Algo que conspirava contra a unidade, a coesão e o poder político, incapaz de gerar uma verdadeira classe social.³⁴

Era uma tentativa desesperada de apagar a diversidade interna derivada das distintas experiências sociais e culturais no espaço brasileiro, buscando do ponto de vista ideológico, a homogeneidade como precondição para a participação social e a aspirada revolução.³⁵

Somente a partir da década de 1970, com a emergência dos movimentos sociais e culturais, é que se abre um lugar autônomo para a representação dos próprios atores sociais. Não mais caminhando para a revolução, mas em direção à liberdade ou à democracia. Uma análise que privilegia o sentido criativo das ações populares, onde o cotidiano passa a ser visto como local de luta, palco da dominação e da resistência; onde a resistência passa a ser identificada através dos modos particulares como cada setor vive e percebe suas condições e sobretudo procurando *"recortar o passado como movimento vivo de enfrentamento de classes e grupos sociais"*.³⁶

Se é verdade que tal postulado interpretativo ganha vigência entre os historiadores, sociólogos e antropólogos baianos, dada à complexidade e singularidade do caso baiano, isto não significa o desaparecimento da matriz tradicional, sobremodo no que concerne aos 50 anos de nosso século. Tratando desse período, em 1987, um autor de nome nacional diz:

---

³³ Sader, Eder e Paoli, Maria Célia. Sobre "classes populares" no pensamento sociológico brasileiro (Notas de leituras sobre acontecimentos recentes). In: Cardoso, Ruth C. L. (org.) *A aventura antropológica*. Teoria e Pesquisa. Rio de Janeiro: Paz e Terra, 1986, pp. 33-45.
³⁴ Idem, ibidem, pp. 49-50.
³⁵ Idem, ibidem, p. 46.
³⁶ Idem, ibidem, pp. 61-62

> *"Não se trata ainda de uma sociedade de classes, posto que não apenas a divisão social do trabalho não a legitima no plano das relações de produção, nem o discurso de dominantes para dominados, de dominados para dominantes, não se entrerreconhecem".*[37]

Mais adiante enfatiza:

> *"Como reconhecer um 'inimigo', um 'outro', nas figuras e nas casas onde se come, mas que não cobram honorários, nos que dão às vezes o próprio nome ou sobrenome, para os pretos e os serviçais?".*[38]

Em outras palavras, uma "sociedade sem classes", portanto sem antagonismos, o *"locus* do paraíso racial e da harmonia social". É difícil acreditar nesse quadro, em uma sociedade que assiste na Primeira República a 92 greves. Trabalhadores que se estabelecem como uma *"classe múltipla e diferenciada, que no entanto se articulam através da noção de enfrentamento coletivo com um poder que também não é único"*.[39]

Trabalhadores que, diante do patronato ou do peso da mediação das facções políticas instituídas, aparecem como sujeitos com escolhas, elaborando práticas e representações próprias. Trabalhadores que se organizam coletivamente através dos modos particulares como cada categoria profissional vive e sente as suas condições, mas também trabalhadores que buscam pontos comuns, sobretudo na resistência, na experiência das distintas categorias profissionais. E é isso que possibilita quase uma "cadeia" de movimentos: param os portuários, param os marítimos, param os trabalhadores das fábricas. A ponto de na greve geral de 1919, a paralisação se iniciar na construção civil e atingir todos os setores da cidade por mais de seis dias.

Ausentes como vetores básicos os mobilizadores clássicos – o anarquismo e o socialismo – do sindicalismo, evidentemente as

---

[37] Oliveira, Francisco de. *O elo perdido.* Classe e Identidade de Classe. São Paulo: Brasiliense, 1987, p. 36.
[38] Idem, ibidem, p. 37.
[39] Sader, Eder e Paoli, Maria Célia, op.cit. p. 61.

bases para a ação sistemática desencadeada na Primeira República estavam contidas no mundo do trabalho e tradição de resistência dos descendentes de escravos.[40] E que essa experiência histórica de identificação étnico-racial dos descendentes de escravos, incorporando as idéias libertárias que grassavam na cidade portuária, transfigura-se na composição de uma identidade proletária que afirma a condição de sujeitos históricos dos dominados diante do poder. É exatamente essa perspectiva que Jorge Amado desenvolve na etnografia que é *Suor*.

Em ensaio magistral tratando do "espaço geográfico" de *Suor*, Judith Grossmann mostra que o sobrado, ficcionalmente a cidade da Bahia, é povoado *"por personagens que irão cobrir a rica variedade da população brasileira. Imigração externa e interna. Escravidão. Mestiçagem. Bahia"*.[41]

"Investiga" a população pobre da Bahia e conforme a erudita ensaísta, faz o que na maioria das vezes nós antropólogos não conseguimos:

> *"A esta multidão de deserdados, quer fazendo-os falar, quer falando por eles, o narrador enfrenta o melhor de sua capacidade de empatia. Ele os compreende, mas é através do afeto e da aptidão de ouvi-los, real ou virtualmente, que o faz. Desfilam multidões, provenientes de outros países, de outros estados, de outros bairros, e suas vozes formam um concerto em Suor".*[42]

Não há figuras esquemáticas, nem tipos, mas sim homens e mulheres a povoar a cidade da Bahia, heterogênea, plural:

> *"Operários, soldados, árabes de fala arrevesada, mascates, ladrões, prostitutas, costureiras, carregadores, gente de todos as cores, de todos os lugares, com todos os trajes".*[43]

---

[40] Sobre o assunto, ver: Reis, João José. A greve negra de 1857 na Bahia. In: *Revista USP*, Dossiê Brasil-África. São Paulo: USP, jun./jul./ago., 1993, pp. 7-29.
[41] Grossmann, Judith. A ficcionalização do espaço geográfico em *Suor* de Jorge Amado. In: *O espaço geográfico no romance brasileiro*. Salvador: Fundação Casa de Jorge Amado, 1993, p. 16.
[42] Idem, ibidem, p. 21.
[43] *Suor*, p. 230.

Judith Grossmann mostra a multidão aparentemente amorfa, "*trata-se de uma multidão sociabilizada pela lei universal da solidariedade, que necessita apenas ser ativada*".[44] E esta ativação se faz também pela noção de enfrentamento coletivo diante dos vários poderes que se apresentam aos trabalhadores: são os operários diante dos "acidentes" que ceifaram os braços de Artur,[45] são os inquilinos diante do proprietário no sobrado,[46] é a multidão diante da repressão após a greve frustrada.[47] Para Jorge Amado, alarga-se a dimensão politizável da vida social e "*a avaliação do que as classes populares são perde o sentido, para se transformar numa avaliação daquilo que os grupos estão enfrentando e estão sendo*".[48] Confunde-se estória com história com os atores das classes sociais, aparecendo como sujeitos através de suas práticas, repletas da mais viva humanidade; no caso, com muita dor e sofrimento, mas também cheia de festa, de corpos que se ajuntam e dançam e às vezes sorriem.

E ali estavam os Agripino Nazareth[49] de então, como Álvaro Lima e os dois imigrantes estrangeiros, a promover a conscientização dos antagonismos de classes. Recebendo gente e mantendo comunicação com todo o mundo, a cidade portuária da Bahia acolhia personagens como Isaac, o judeu sem pátria, revolucionário e o sapateiro espanhol, anarquista[50] que iriam "adubar" a floração da mudança, oferecer o sentido ideológico à verve libertária presente nos oprimidos.

Vale ressaltar ainda que nesse livro estritamente sociológico, o autor baiano já começa, de forma tímida, é verdade, a estabelecer a força da cultura dos dominados. Quando o espanhol anarquista, agnóstico, provavelmente portador de cultura hegemônica ibérica chuta o despacho, os moradores do sobrado já o

---

[44] Grossmann, Judith, op. cit. p. 16.
[45] *Suor*, pp. 256-257.
[46] Idem, ibidem, pp. 330-332.
[47] Idem, ibidem, pp. 337-339.
[48] Sader, Eder e Paoli, Maria Célia, op. cit. p. 62.
[49] Agripino Nazareth foi personagem da Primeira República na Bahia. Com tendências socialistas, foi uma das mais expressivas lideranças da grande greve de 1919.
[50] *Suor*.

fitam compadecidos: A cólera de Ogum e dos outros Orixás lá cairia, sem dúvida, sobre ele.[51] E o seu "fim ruim", prenunciado, não tardaria: é preso por defender os seus ideais.[52]

Em síntese, *Suor* é a etnografia atualizada, contemporânea, das classes populares da cidade da Bahia na Primeira República.

III – Grupos de Culturas Hegemônicas

Neste terceiro e último tempo do meu trabalho abordarei os imigrantes originários de países possuidores de culturas dominantes, ou seja, nórdicos, franceses, alemães, americanos, em relação aos negros baianos.

Quando reflito sobre a literatura de Jorge Amado vislumbro sempre como seu par nas Ciências Sociais, o seu contemporâneo pernambucano, Gilberto Freyre. De forma revolucionária é o autor de *Casa Grande & Senzala* o criador de uma renovada imagem das etnias que formaram a sociedade nacional, oferecendo uma nova "roupagem" ideológica e um sentimento mais positivo. Estabelecidos no Brasil, os três grandes grupos étnico-raciais – índios, brancos e negros – com a sua respectiva bagagem cultural, uniram-se para obter o máximo de cooperação mútua, dando origem à sociedade nacional. Os pontos de aresta entre os grupos raciais que porventura pudessem existir foram eliminados ou pelo menos atenuados devido à miscigenação. E esta prática caracterizou-se como um instrumento poderoso no sentido da democratização das relações raciais brasileiras. As várias etnias aproximaram-se, vindo a desenvolver um relacionamento harmônico e livre de preconceitos e discriminações, enfim, é a harmonia e a miscigenação que sustentam sua concepção sobre a democracia racial brasileira.[53] Nesse ponto Jorge

---

[51] Idem, ibidem, p. 273.
[52] Idem, Ibidem, pp. 301-302.
[53] Sobre uma visão crítica da obra do autor pernambucano, ver: Medeiros, Maria Alice de Aguiar. *O Elogio da Dominação. Relendo Casa Grande & Senzala*. Rio de Janeiro: Achiamé, 1984 e D´Andrea, Moema Selma. *A tradição Re(des)coberta*. Gilberto Freyre e a literatura regionalista. Campinas: Editora da Unicamp, 1992.

Amado está relativamente de acordo com o cientista social e críticas já recebeu por considerar a miscigenação prova de nossa democracia racial.[54] Porém, a sua parceria com o renomado mestre de Apipucos cessa aí: para Gilberto Freyre a redefinição dos valores raciais e grupos étnicos formuladores tem como primado afirmar o mundo senhorial brasileiro, o mundo dos brancos. Como ele próprio ressaltou, "*nas casas-grandes foi onde melhor se exprimiu o caráter brasileiro*". Assim, *Casa Grande & Senzala* é um livro que, sobretudo, procura contar a história do senhor de engenho, do seu relacionamento com o mundo e as coisas que o cercavam, dos seus valores, crenças e atitudes. Enfim, trata fundamentalmente da elite branca e dos seus ganhos culturais e raciais advindos do contato com negros e índios. Em outras palavras, argumenta a favor da ideologia do branqueamento, na medida em que a elite branca, portuguesa, é vista como o verdadeiro agente da história do Brasil.

Embora sob a premissa da miscigenação harmonizadora, outra é a perspectiva de Jorge Amado: são os dominados (o povo negro-mestiço) que delineiam a correnteza da vida social da Bahia. Eles são a bússola de navegação social dos sobrados e ruas da velha cidade. A sua democracia racial, afirmadora do negro como principal e preeminente personagem na construção do nosso processo civilizatório aparece como desejo, vontade, premonição na busca de uma sociedade igualitária e sem conflitos. Jorge Amado não esquece o passado de luta e muitas vezes o confronto no presente, mas passa por cima da miséria, exploração e do racismo, que desenha mas não conclui porque a sua pretensão é projetar.

E isso pode bem ser visto diante dos imigrantes e estrangeiros, portadores de culturas dominantes, uma vez que os mesmos passam a usufruir no interior de sociedades anfitriãs, o "alto" status que desfrutam seus países de origem no quadro internacional.

Em *Dona Flor e seus Dois Maridos* mostra as diferenças históricas, através da cultura, dos negros norte-americanos e

---

[54] Serra, Ordep. *Águas do Rei*. Petrópolis/Rio de Janeiro: Vozes/Koinonia, 1995, pp. 338-340.

baianos. Indica o candomblé, a instituição criada pelos negros baianos, com raízes na África, como um poderoso anteparo contra o niilismo e a falta de propósito originados pela escravidão. Religião de comunhão e solidariedade, de ortodoxias e preceitos, mas também de festa e alegria.

No desenraizamento e na dor da escravidão, os negros da Bahia reconstruíram, um território mítico, onde, com estratégia e muita negociação, puderam cultivar os seus deuses, cores, músicas e corpos. E o autor baiano os contrapõe aos negros norte-americanos que, "sem as suas raízes", tiveram de dirigir a sua revolta para o espaço dos "austeros e distantes deuses brancos".

É por isso que as *"mulatinhas Catunda, desafinadas e modestas pareciam um soar de guizos"*, *"corpos de viço e saúde"*, riso solto, em comparação as norte-americanas Jô e Mô, de *"corpos tão belos"*, de *"canto poderoso mas triste"*, *"lamento sem esperança"*, *"o pranto desolado"*.[55]

Nossas elites, racistas e dependentes culturalmente, tentaram desesperadamente tornar-se "civilizadas", copiando os modos e modas dos povos hegemônicos culturalmente da Europa. E a "cidade das letras",[56] por elas ideologicamente dominada, não fugia à regra. O uso da língua francesa, por exemplo, purificava uma hierarquia social, dava provas de importância social e estabelecia um cerco defensivo em relação a um contorno hostil e sobretudo inferior. Thales de Azevedo já tratou do nosso *"francesismo exacerbado"*[57] e Jorge Amado com ironia reflete:

> *"Língua de trato obrigatório a quem quisesse merecer foros de intelectual, instrumento indispensável ao ensino superior [...] Falar francês sem erros e com boa pronúncia tornara-se motivo de vaidade, fator de prestígio".*[58]

---

[55] *Dona Flor*, p. 213.
[56] Ver sobre o assunto, Rama, Angel. *A Cidade das Letras*. São Paulo: Brasiliense, 1985.
[57] Azevedo, Thales de. A francesia baiana de antanho. In: *Italianos e Outros Temas*. Salvador: Empresa Gráfica da Bahia, 1989, pp. 61 a 83.
[58] *Tenda dos Milagres*, p. 196.

Porém, o importante é que ao caracterizar o pedantismo inócuo dos intelectuais a serviço do poder estabelecido, o autor baiano vai demonstrar a capacidade de aquisição de conhecimento das classes trabalhadoras. Através de Pedro Arcanjo ele vai estabelecer que o povo que sempre soube usar o corpo, tem cabeça e tão boa quanto a dos dominantes. O mestiço baiano sabe francês:

> *"– E como! Dá gosto ouvi-lo. Seu inglês é igualmente admirável. Conhece bem o italiano e, se eu tivesse tempo para lhe ensinar, acabaria falando o alemão melhor do que eu".*[59]

Portanto, tendo como elemento paradigmático um mestiço (e não um preto), ele reconhece nele a possibilidade de atingir os valores e competências dos "civilizados" (os brancos).

Mas Jorge Amado vai além e preconiza o que ele próprio, com a sua literatura, ajudou a construir: a preeminência da cultura dos dominados, dos negros da Bahia.

Não se pense tanto na inocuidade do pastiche das formas importadas dos civilizados, uma vez que as mesmas consistiam num signo de distinção, numa clivagem de ordem social, a separar o mundo dos brancos do mundo dos negros. Deu no preconizado pelo autor, ou seja, a cultura dos negros da Bahia ser hoje identificada como a cultura da cidade. Os mais pobres, os mais estigmatizados e discriminados, apesar e com o axé music, é que fazem a imagem da cultura de Salvador.

Levenson, o personagem de *Tenda dos Milagres*, ao invés dos salões percorre as ladeiras, becos e "zonas" da cidade; ao invés dos "anfitriões notáveis" da cidade vai se embeber de sabedoria é com Camafeu, Mãe Menininha, Mestre Pastinha, Miguel Santana e tantos outros; ao invés do *"fino menu e do discurso de saudação do acadêmico"* nominado, mas que jamais conheceremos, "corre" é para a cozinha baiana, para a cozinha do azeite dos nossos negros e no alto do Mercado Modelo. Portanto, são os estrangeiros da cultura venerada por nossas elites,

---

[59] Idem, ibidem, p. 198.

como o já citado Levenson, o filósofo belga em *Sumiço da Santa* ou Gisa de *Dona Flor*, que vêm buscar sabedoria no "meio da rua", nas capoeiras, nos terreiros, com os personagens que perfazem o *"verdadeiro povo da Bahia"*.

Do ponto de vista cultural, isso pode ser observado em Adalgisa de *O Sumiço da Santa* com a preeminência de sua ascendência negra, "batuqueira" perante a linha de Castela, do seu pai – convertido dos negros – onde diante de toda a atmosfera racista, por ela própria introjetada, termina por encontrar o seu destino, o de filha de Iansã. Positividade também do ponto de vista racial, como na mulatice requerida no filho da finlandesa Kirsi:

> *"Gringa [...] o mulato que faremos juntos, se for homem, será o homem mais inteligente e forte, Rei da Escandinávia ou Presidente do Brasil. Mas, ah! se nascer mulher, nenhuma outra vai com ela poder se comparar em formosura e porte".*[60]

Portanto, concluindo, Jorge Amado é o portador da voz do povo, do homem comum, anônimo, com suas verdades e preconceitos; também é o etnógrafo, capaz de descrever realidades à luz de modernas teorias. Mas, é sobretudo, o preconizador da identidade que possuímos e jamais os dominantes assumiram, porque não gostam dela. Ele nos disse quem fomos e o que somos, trazendo à tona nossa inquebrantável afro-baianidade: forçoso, para muitos, ainda, é reconhecê-la.

---

[60] *Tenda dos Milagres*, p. 87. O que Jorge Amado não projetava também ocorreu, isto é, a cultura do povo negro sendo exposta como um produto exótico da Bahia para o olhar dos estrangeiros, seja pelos órgãos governamentais, seja pela indústria cultural.

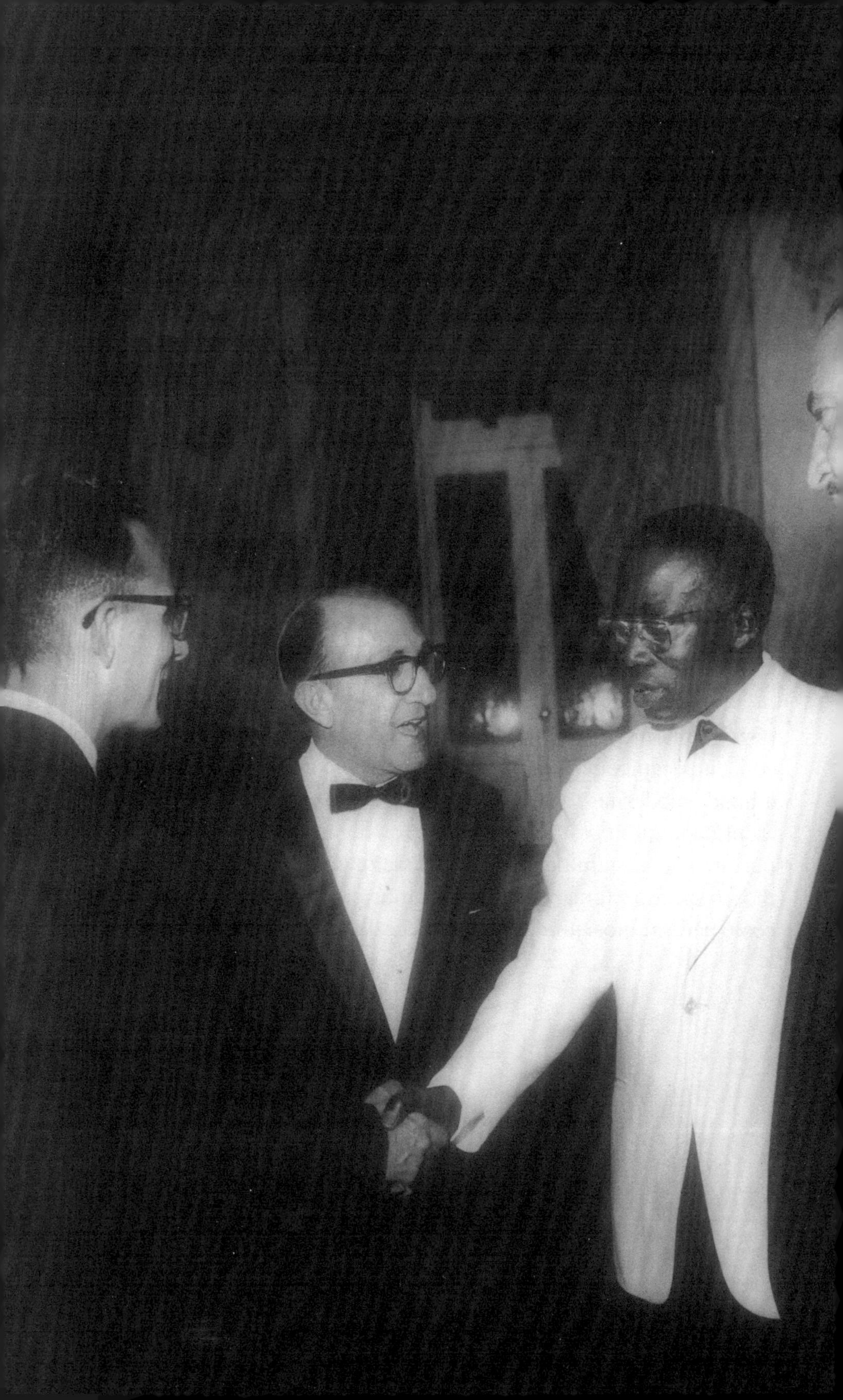

5
O LEGADO DA ESCOLA BAIANA. PARA UMA ANTROPOLOGIA DA REAFRICANIZAÇÃO DOS COSTUMES*

De há muito foi a "cidade da Bahia" (Salvador) denominada a Roma Negra, a mais africana das cidades brasileiras. Por sua vez, nas últimas décadas, ocorreu no espaço baiano um explícito processo de valorização da produção simbólica de raízes africanas, que se estendeu a várias regiões do país. Portanto, neste trabalho o que tento é avaliar o reflexo e, quem sabe, a participação da "escola baiana",[1] mais precisamente da Universidade, na elaboração desses fenômenos sociais.

A Reafricanização dos Costumes

Nos séculos XVI e XVII, por conta do tráfico de escravos, aportaram na Bahia os povos do grupo lingüístico banto, vindos de Angola e do antigo reino do Congo. A partir dos fins do século XVIII perderam a hegemonia, quando o comércio de escravos se voltou para a África superequatorial, para a região da Costa da Mina e para o Golfo do Benin.[2] Entretanto, apesar do contínuo processo de aculturação, deixaram marcas profundas em nossa sociedade. Foram os bantos os instituidores da importante Ir-

---

* Trabalho apresentado originalmente na Mesa-Redonda Relações Raciais no Brasil Contemporâneo do IX Congresso de Sociologia, da SBS, em Porto Alegre, em 1999.
[1] Definimos como "escola baiana", tendo como seu fundador Nina Rodrigues, os intelectuais vinculados aos estudos convencionalmente entendidos como "afro-brasileiros".
[2] Sobre o tráfico de escravos para a Bahia, ver Verger, Pierre. *O fumo da Bahia e o tráfico de escravos no Golfo de Benin.* Salvador: CEAO, 1966.

mandade do Rosário dos Pretos do Pelourinho, criada no século XVI, que se mantém até o presente; as línguas bantos têm presença marcante nos falares populares;[3] estavam presentes no carnaval dos fins do século XIX, com entidades como os Pândegos da África;[4] foram os responsáveis pela introdução da capoeira e do samba na Bahia; mantiveram suas tradicionais religiões através dos candomblés congo e angola. Nos fins do século XIX, teve início um período de influência marcadamente sudanesa, com a chegada dos fon do Benin, identificados como jêjes, e dos iorubás, mais conhecidos como nagôs. Por terem vindo em grande número e pelo intercâmbio constante com a costa ocidental africana,[5] exerceram considerável supremacia no século XIX e passaram a ocupar um lugar central entre as culturas africanas. Salvador tornou-se literalmente uma cidade africanizada, pautada em um florescimento cultural jêje-nagô, com grande ênfase na preservação de formas institucionais religiosas, animadas por uma recente memória.[6]

Nina Rodrigues, criador dos estudos afro-brasileiros, em relato pungente, datado de 1897, mostrou que velhos eram os viajantes que retornavam à África e, por sua vez, preconizou a extinção da colônia africana, apenas representada nos últimos velhinhos sobreviventes. Considerando que o tráfico de escravos cessou em 1850, é de se presumir que os africanos que permaneceram em Salvador na entrada do século XX eram em torno de 500 almas e em sua maioria com mais de 50 anos. Porém, os

---

[3] Castro, Yeda Pessoa. *Os falares africanos na interação social do Brasil colônia*. Salvador: Centro de Estudos Baianos, 1980.
[4] Rodrigues, Nina. *Os africanos no Brasil*. São Paulo: Companhia Editora Nacional, 1977, p. 180.
[5] Segundo Júlio Braga: *"De certa maneira, o início do processo de reafricanização começa com o retorno à África, no século passado, de africanos e emancipados que alimentaram por toda a vida o ideal de voltar movidos por um sentimento profundo de fidelidade à terra de origem, de onde tinham sido trazidos, na condição de escravos, para não falar daqueles que involuntariamente voltaram em conseqüência das medidas tomadas pela polícia após as revoltas e os freqüentes levantes que ocorreram, por exemplo, na Bahia, durante toda primeira metade do século XIX"*. In: Braga Júlio. *Fuxico de Candomblé*. Feira de Santana: UEFS, 1998, p. 81.
[6] Rodrigues, Nina op. cit.

africanos, embora poucos e envelhecidos, eram ainda a presença virtual, "material", da herança que os grupos dominantes pretendiam extirpar. Afinal, ao nível de senso comum, a imagem dos costumes africanos era entendida como uma composição oscilante e vaga do animal e do humano, como uma projeção da barbárie. Formas de reativação de emoções primitivas, geradoras de desprezo, mas também de temor, contrapondo-se à inserção da nova nação no processo civilizatório ocidental. Como Nina Rodrigues bem o afirmou, *"há de constituir sempre um dos fatores da nossa inferioridade como povo"*.[7] Entretanto, a maioria dos últimos africanos em Salvador já havia aprendido a desenvolver um estilo de resistência que se fazia através de constante negociação, onde, para manter vivo o mundo africano, faziam concessões, muitas vezes aparentes, formais, ao mundo dos brancos. Assim, segundo a imagem traçada por Nina Rodrigues e Silva Campos, eram *"submissos, ordeiros, sóbrios, laboriosos, econômicos, honestos e fiéis"*.[8] A par disso, construíram uma modesta mas sólida economia, através do trabalho autônomo. Atividades que lhes permitiam sobreviver, mas não só; atividades que em muitos casos entrecruzavam-se com as suas origens, valores étnicos e religiosos. Portanto, os africanos, e os últimos em Salvador tiveram papel proeminente, souberam, com astúcia e habilidade, preservar e transmitir aos seus descendentes as práticas culturais de origem africana.[9] Foram eles e seus descendentes, os responsáveis pela preservação dos vínculos comerciais com a África, com importações em grande parte motivadas pela religião de sua terra de origem, como o atestam a documentação primária que encontrei no Arquivo Público do Estado da Bahia e as considerações de Manuela Carneiro da Cunha.[10] Embora a literatura tenha consagrado a presença de Martiniano

---

[7] Idem, ibidem, p. 7.
[8] Idem, ibidem, p. 107 e Campos, J. da Silva. Ligeiras notas sobre a vida íntima, costumes e religião dos africanos na Bahia In: *Anaes do Arquivo Público da Bahia*. Bahia: Imprensa Oficial, 1946, p. 296.
[9] Bacelar, Jeferson. Os últimos africanos em Salvador. Capítulo 1, neste volume.
[10] Cunha, Manuela Carneiro da. *Negros, estrangeiros*. Os escravos libertos e sua volta à África. São Paulo: Brasiliense, 1985, p. 119.

Eliseu do Bonfim,[11] é de se presumir que tantos outros descendentes foram também à África.[12] E assim, elementos simbólicos advindos da África Ocidental integraram-se e reforçaram os abrasileirados costumes africanos. Portanto, a África manteve-se presente em Salvador nas primeiras décadas do século XX: gente como Bamboxé, as "tias e tios", Hilário, Aninha, Martiniano, Miguel Santana e tantos outros souberam manter viva a África em Salvador. Isso, permitiu, não obstante o racismo e a repressão, que Salvador se mantivesse, até os dias de hoje, como a mais sólida cultura de raízes africanas das Américas.

Dessa forma, quando, a partir da década de 1930, ocorreu um processo de revalorização da cultura africana na Bahia ela não se passou num vácuo: aqui já estava firmado um mundo negro-africano. Nos candomblés,[13] no carnaval, nas festas religiosas e profanas, na medicina popular, na culinária, nos sambas e capoeiras, na matrifocalidade familiar e nas variadas formas de associação. Concordo inteiramente com a crítica – não

---

[11] Sobre a presença e importância de Martiniano Eliseu do Bonfim, ver: Landes, Ruth. *A cidade das mulheres*. Rio de Janeiro: Civilização Brasileira, 1967; Lima, Vivaldo da Costa. O candomblé da Bahia na década de 1930. In: Oliveira, Waldir Freitas e Lima, Vivaldo da Costa. *Cartas de Édison Carneiro a Artur Ramos*. De 4 de janeiro de 1936 a 6 de dezembro de 1938. São Paulo: Corrupio, 1987; Braga, Júlio. *Na gamela do feitiço*. Repressão e resistência nos candomblés da Bahia. Salvador: Edufba, 1995. Outra viagem consagrada pelo candomblé foi a de Iá Nassô e Marcelina, ialorixás do Engelho Velho (Casa Branca): *"A tradição do terreiro – que parece não ter guardado o nome de branco, como se diz na linguagem do povo-de-santo, de Iá Nassô, diz que ela voltou à África em companhia de Marcelina e lá faleceu. Marcelina voltou então com a 'herança' (de bens e de cargos) e assumiu a liderança do Engenho Velho"*. In: Lima, Vivaldo da Costa. *Ainda sobre a nação de Queto*. Comunicação ao Seminário Palmares-Memória e Estratégias Comunitárias. São Paulo, 1994 (datil.).

[12] Bem como "africanos" vinham constantemente à Bahia, como é o caso de Joaquim Branco e Benedito Brito que se constituíram em grande elo de Aninha – a venerável mãe do Opô Afonjá – com a África. Sobre o assunto, ver: Olinto, Antonio. *Brasileiros na África*. São Paulo/Brasília: GRD/INL, 1980, p. 269.

[13] As relações com a África seriam mantidas, inclusive posteriormente: *"Senhora – cujo nome religioso é Oxum Miuá – mantém constante correspondência com a África, notadamente com o Ataojá de Oxogbo, descendente daquele famoso rei Laro que fez um pacto com a deusa do rio Oxum, na África. Do Alafin de Oyó recebeu Senhora, há cinco anos, o honroso título de Iá Nassô que ela usa com direitos de outorga e de nascimento"*. In: Lima, Vivaldo da Costa. *Uma Festa de Xangô*. Salvador: Universidade da Bahia, 1959, pp. 11-12.

com sua ferocidade – que tece Ordep Serra a Beatriz Góes Dantas que seria inverossímil atribuir aos intelectuais a mística de retorno e valorização da nossa africanidade, em especial nagô.[14] Se as teorias raciais estrangeiras, adaptadas de forma original ao caso brasileiro, como o fez Nina Rodrigues, nesse momento, devido a modificações estruturais ficavam superadas, quem viria atender às novas demandas sociais seria Gilberto Freyre com o "mito das três raças", ou seja, a sua fusão para a construção de uma sociedade mestiça e harmônica. O desdobramento efetivo de tal interpretação, difundida e celebrada ritualmente nas relações do cotidiano e nos grandes eventos, foi a camuflagem das relações de poder entre os grupos raciais e a consagração oficial em todo o país do mito da democracia racial. Para a Bahia não existia novidade, era a reiteração da política da "velha mulata" (assim era chamada a Bahia na imprensa do sul do país). Porém, um novo elemento seria adicionado ao caso baiano: uma vanguarda intelectual – despontando Edson Carneiro, Artur Ramos e Jorge Amado – deu início a um discurso laudatório da contribuição africana na formação da cultura baiana. A africanidade foi descoberta nesse período pela inteligência internacional, destacando-se nomes como Donald Pierson, Melville Herkovits, Franklin Frazier e Ruth Landes. Posteriormente, viriam também, atraídos pela "mística africana", Roger Bastide, Pierre Verger e Juana Elbein dos Santos. Em 1937, sob a égide de Édison Carneiro foi promovido em Salvador o II Congresso Afro-Brasileiro[15], sendo reiterada a valorização das manifestações de origem africana – a capoeira, o samba, a culinária, a indumentária e especialmente o candomblé. Teve início assim, na "cidade das letras" e no âmbito oficial, a decadência da política de exclusão cultural da africanidade. Grandes passos

---

[14] O livro de Ordep, com profundidade, estabelece mordaz crítica à tentativa de supervalorização dos intelectuais no revivalismo do candomblé baiano e na afirmação da hegemonia nagô. Serra, Ordep. *Águas do Rei*. Petrópolis/Rio de Janeiro: Vozes/Koinonia, 1995.
[15] Sobre o II Congresso Afro-Brasileiro, ver: Braga, Júlio. *Fuxico de candomblé*. Feira de Santana: UEFS, 1998.

foram dados por essa vanguarda: se Nina Rodrigues iniciou uma aproximação entre a Academia e os terreiros, ainda numa relação patrono-cliente, em especial Édison Carneiro e Jorge Amado, conforme Ordep Serra, deram nova formulação a tal relacionamento, na medida em que ligaram-se "*ao povo-de-santo como uma espécie de quadro seu*", intelectuais "quase-orgânicos"; por sua vez, Carneiro buscou dar ao candomblé "*uma organização que o capacitasse ao exercício da liberdade religiosa e a preservar as tradições das "seitas africanas" em suas formas autênticas*".[16] Dele foi o projeto de criação da União das Seitas Afro-Brasileiras (1937) que não vingou logo, mas viria redundar na atual Federação Baiana do Culto Afro-Brasileiro (1942). Foi ele também que iniciou uma nova forma de abordagem – positiva – do candomblé na imprensa. Entretanto, é preciso que se pense que a definição de realidade vigente, consagrada naquele momento, segundo os termos de Bourdieu, não era a de uma Bahia africana, e sim branca e européia. A vanguarda abalou a tradição canônica vigente na Academia, começou a auferir prestígio, sobretudo pelo respaldo que ganhou com a inteligência internacional[17] – em especial através de Roger Bastide – mas ainda não se consagrara: teria de esperar pelo menos duas décadas. Vale salientar, no que concordo com Beatriz Góes Dantas, que, no plano efetivo das relações sociais, "*a exaltação da África seria a contrapartida, com a mesma função controladora, em termos culturais, do mito da democracia racial*".[18]

Realce todo especial, a partir da década de 1940, ganha o fotógrafo e etnólogo Pierre Verger que, em 1946, vem morar na Bahia.

> "*Ele entra no mundo do candomblé, faz amizade com Mãe Senhora, sua futura mãe-de-santo, que, ao saber de sua iminente viagem ao*

---

[16] Serra, Ordep op.cit. pp. 127-128. A importância de Édison Carneiro na luta pela liberdade religiosa e valorização da cultura negra, pode ser vista em Oliveira, Waldir Freitas e Lima, Vivaldo da Costa op. cit. 1987.
[17] Serra, Ordep op. cit, p. 129.
[18] Dantas, Beatriz Góes. *Vovó nagô e papai branco*. Usos e abusos da África no Brasil. Rio de Janeiro: Graal, 1988, p. 206.

outro lado do Atlântico, consagra a sua cabeça a Xangô por descobrir nele um mensageiro de sua cultura entre a Bahia e a África".[19]

Em 1953, é iniciado como sacerdote de Ifá, em Ketu (Daomé), tornando-se Fatumbi. Pierre Verger deu prosseguimento a uma nova relação entre o universo dos estudiosos e os terreiros – *"de fora, tornado de dentro"* – assim como atuou como

> *"intermediário entre a África e o Brasil, na medida em que passou a trazer aos egbé relatos, imagens, informações diversas da terra nagô, da África (para onde também levaria notícia dos ilê axé baianos). Assim, ele veio reforçar o revivalismo dos terreiros tradicionalistas, servindo-lhe de canal".*[20]

E, cedo Verger[21] não estaria sozinho em tal missão.

Salvador permanecia uma cidade tradicional e conservadora na década de 1950, mas novos tempos do ponto de vista econômico já eram prenunciados com a descoberta do petróleo e o possível desenvolvimento industrial. É exatamente nesse cenário que surge a figura exponencial do Reitor Edgard Santos, que acreditava que a superação do atraso baiano seria possível com uma ação cultural ampla e vigorosa. A Bahia, com seu Museu de Arte Moderna, Seminário de Música, Escola de Teatro, Escola de Dança, além de uma ampla rede extra-oficial que ia do cine-clubismo à imprensa, moldou uma atmosfera de efervescência cultural ímpar naquele momento, que jamais se repetiria na Bahia.[22] Nesse ambiente de avant-garde cultural no Brasil, como o denominou Antonio Risério, surgiu, em 1959, o Centro de Estudos Afro-Orientais.[23] Criado

---

[19] Luhning, Angela. Pierre Fatumbi Verger e sua obra. *Afro-Ásia.* Salvador: CEAO, 1998-1999, nº 21-22, pp. 320-321.
[20] Serra, Ordep op. cit. p. 130.
[21] Pierre Verger, desde 1974 até o fim dos seus dias, foi professor-adjunto do Departamento de Antropologia da UFBA, sem carga horária docente, com a finalidade de dedicar-se a suas pesquisas.
[22] Risério, Antonio. *Avant-Garde na Bahia.* São Paulo: Instituto Lina Bo e P.M. Bardi, 1995.
[23] Vale salientar que a criação do CEAO também reflete a valorização simbólica dos candomblés naquele período, sobretudo o prestígio das casas matrizes. Assim, em

por inspiração de George Agostinho da Silva, o CEAO tinha como objetivos ser um órgão de estudos, ensino, pesquisa e intercâmbio, dedicado às culturas da África e da Ásia e à presença dessas culturas no Brasil.[24] Os anos 1960, foram marcados por grandes mudanças no plano das culturas e das mentalidades:

> *"São os anos da contracultura, da recuperação do exótico, do diferente, do original... Tudo leva à Bahia. o Cinema Novo, as artes cênicas... o paladar do país experimenta o sabor do azeite-de-dendê... Pela música popular aprendemos os nomes dos santos, que também são os da umbanda, mas agora é preciso ir até a Bahia para pedir a benção de Menininha, para jogar os búzios e ler a sorte, para experimentar o sabor do feitiço, o verdadeiro".*[25]

A criação do Centro em muito foi beneficiada por esse clima local e pela política externa pró-África naquele momento.[26] Participaram da sua instalação, Pierre Verger e Vivaldo da Costa Lima, *"este dispondo-se a viajar, de imediato, para a África, aceitando a idéia da necessidade de aprender sobre as culturas africanas, em seus próprios sítios de origem".*[27] Logo, em 1960,

---

1958, na comemoração dos 50 anos de iniciação religiosa de mãe Senhora, com a presença de uma caravana de artistas e escritores nacionais e locais, em sua homenagem, foi encenada a peça de teatro, de Zora Seljan, "Festa do Bonfim". In: Lima, op. cit. pp.10-11.

[24] Sobre a história do CEAO, ver: Borges, Paulo Alexandre Esteves. *Agostinho Silva*. Dispersos. Lisboa: Instituto de Cultura e Língua Portuguesa, 1988, pp. 87-91; Silva, Agostinho. *O nascimento do CEAO*. Afro-Ásia. Salvador: CEAO, 1995, nº 16; Agostinho, Pedro. Agostinho da Silva: pressupostos, concepção e ação de uma política externa com relação à África. *Afro-Ásia*. Salvador: CEAO, 1995, nº 16; Oliveira, Waldir Freitas. George Agostinho Baptista da Silva (1906-1994). O fundador do CEAO. *Afro-Ásia*. Salvador: CEAO, 1996, nº 18; Castro, Yeda Pessoa. *A experiência do CEAO* datilografado s/d. Sobre os novos rumos do CEAO na década de 90, ver: Braga, Júlio. Novos Estudos Afro-Brasileiros na Bahia. In: Formigli, Ana Lúcia Menezes *et. al.* (orgs.) *Parque Metropolitano de Pirajá*: história, natureza e cultura. Salvador: Centro de Educação Ambiental São Bartolomeu, 1998, pp. 115-121.

[25] Prandi, Reginaldo. *Os candomblés de São Paulo*. São Paulo: Hucitec/Edusp, 1991, p. 72.

[26] Saraiva, José Flávio Sombra. *O lugar da África*. A dimensão atlântica da política externa brasileira (de 1946 a nossos dias). Brasília: Editora da Universidade de Brasília, 1996, pp. 94-95.

[27] Oliveira, Waldir Freitas. op. cit. 1996, p. 269.

seguiu o etnólogo para a Nigéria e posteriormente passa a atuar em Gana, como Adido Cultural junto à Embaixada do Brasil ali instalada. Em 1961, o professor Pedro Moacyr Maia assumiu o leitorado brasileiro no Senegal, na Universidade de Dacar. Em 1962, seguiram para a Nigéria os professores Guilherme Souza Castro e Yeda Pessoa de Castro que ali permaneceram dois anos. Em 1967, foram para a África Deoscóredes dos Santos (Mestre Didi) e Juana Elbein dos Santos e, em 1968, seria a vez do professor Júlio Braga estar no Senegal, no Daomé e na Nigéria. Vale salientar que, em 1966, compareceu ao I Festival de Arte Negra, em Dacar, uma expressiva delegação baiana, com nomes como Agnaldo Santos, Camafeu de Oxossi e Olga do Alaketu, além de intelectuais como Waldir Freitas Oliveira e Estácio de Lima,[28] respectivamente diretores do CEAO e do Instituto Etnológico da Bahia. É preciso lembrar que os pesquisadores não apenas seguiram os passos de Verger, mas que também alguns tiveram nele, na África, um perfeito cicerone, adaptando-os, mostrando particularidades e facilitando os contatos.[29] Não é preciso ressaltar que Vivaldo da Costa Lima, Waldir Freitas Oliveira, Yeda Pessoa de Castro, Júlio Braga e Juana Elbein dos Santos não apenas tornaram-se grandes especialistas do afro-brasilianismo, mas também desenvolveram – em graus variáveis – grande interação e participação na "família do povo-de-santo". A África era va-

---

[28] Estácio de Lima era o representante da Escola de Nina Rodrigues. Em 1958, inaugurou na Faculdade de Medicina, no Terreiro de Jesus, durante o Congresso de Criminologia, o Museu Nina Rodrigues. Segundo o Diário de Notícias (15/01/1958, p.3) *"Lá o visitante encontrará desde um estudo completo da maconha, com documentos raros, além de objetos típicos dos costumes negros da Bahia"*. Segundo Ordep Serra, *"O Museu Estácio de Lima – denominação assumida pelo Museu Nina Rodrigues em homenagem ao seu continuador – ilustra com insuperável clareza um dogma racista que Nina Rodrigues legou à direita de sua Escola: a conexão entre 'patologia social' (crime, vício, desvio, contravenção), monstruosidades naturais e [...] religião afro-brasileira – encarada como testemunho da 'mentalidade atrasada, das taras de uma raça inferior'."* (Serra, Ordep. op. cit. p. 184.) A presença de Estácio de Lima, com o Diretor do CEAO de então, indica o seu prestígio ainda entre os órgãos oficiais, em especial o Ministério das Relações Exteriores. Ainda está por ser feita uma pesquisa sobre a importância de Estácio de Lima nos estudos afro-baianos e sua relação com os candomblés da Bahia.
[29] Luhning, Angela, op. cit. p. 323.

lorizada e conhecida, com a produção intelectual e participação da Academia, mas também de intelectuais nativos da gente-de-santo, como Mestre Didi, agora com o apoio e o peso institucional e simbólico da Universidade e do Governo brasileiro, através do Ministério das Relações Exteriores. Vale salientar que, na década de 1960, a imprensa concedia grande destaque à cultura afro-baiana, sobretudo através de Vivaldo da Costa Lima[30] e de Antonio Olinto e Zora Seljan que enviavam notas constantes da presença histórica e atual dos brasileiros na África. Mais: divulgava-se, como nunca tinha sido feito a cultura religiosa dos afro-brasileiros e a produção artística dela emanada.

Mas, o CEAO não apenas ia até a África: o seu programa incrementava a vinda de estudantes de vários países africanos para a Bahia. Já em 1961, chegavam à Bahia 15 estudantes para estudar na Universidade Federal da Bahia. Conheciam a vida acadêmica, mas também mantinham contato direto com a comunidade afro-brasileira. Vale salientar que esses estudantes sofreram na pele a discriminação racial brasileira e, por sua vez, reagiram violentamente ao colonialismo português.[31] O CEAO, nessa década, recebeu especialistas de todo mundo, interessados em conhecer a vida dos afro-brasileiros. Destaque deve ser dado à presença na Bahia, em 1962, do Presidente Leopold Senghor, e em 1963, dos poetas Aimé Cesaire, da Martinica e Leon Contran Damas, do Daomé, criadores do movimento da negritude. É evidente que a presença dos estudantes, pesquisadores e figuras proeminentes, além de concederem grande prestígio ao CEAO,

---

[30] Vivaldo da Costa Lima, em 1963, no suplemento dominical do Diário de Notícias, publicou seis longos artigos sobre a cultura afro-brasileira: A propósito de um calendário nagô; Notas sobre Cosme e Damião; Notas sobre transcrição da língua iorubá; Notas sobre uma farmacopéia africana; Uma exposição afro-baiana e ainda sobre a Roma Negra. Nesses artigos, tratando de variados assuntos, poderia destacar a sua visão dinâmica das tradições.
[31] Azevedo, Thales de. *Democracia racial*: ideologia e realidade. Petrópolis: Vozes, 1975, pp. 41-42 No *Jornal da Bahia* (16/02/1962), o bolsista Fidelis da Almada, da Guiné Portuguesa (Guiné Bissau) declarou: "*Nós, africanos, já estamos fartos de ser colonizados. Respeitamos a autodeterminação dos povos e queremos que Portugal respeite o nosso direito de sermos livres.*"

devem ter propiciado no futuro, através dos contatos com a comunidade afro-brasileira, rumos diferenciados da política culturalista então vigente no CEAO.

O CEAO incrementou intenso contato com a comunidade negra, em especial com o povo-de-santo, e promovia uma novidade: a partir de então o povo negro se dirigia à Universidade, "*atraído por elementos que atendem ao seu empenho revivalista*".[32] Assim, desde 1960, o CEAO promoveu cursos de iorubá, a cargo do professor nigeriano Ebenezer Latunde Lasebikan, onde deliberadamente não se exigiu escolarização comprovada, com a finalidade de abrir a Universidade aos afro-brasileiros. O curso de iorubá – o primeiro a ser desenvolvido no Brasil – e o de kikongo que o seguiu, foram de grande êxito e de marcante repercussão na vida dos afro-baianos, sobretudo entre o povo-de-santo. Porém, além de cursos de línguas africanas, o CEAO promovia, de forma constante, cursos sobre a história e cultura dos afro-brasileiros e dos povos africanos. Complementando suas atividades, formava, com doações de todo o mundo, a sua biblioteca especializada e já dava os primeiros passos para a futura criação de um museu afro-brasileiro.[33] Tornou-se o CEAO o *locus* universitário do povo negro, em especial do povo-de-santo. Portanto, as bases do moderno processo de reafricanização foram inteiramente firmadas nessa época, tendo o CEAO um papel proeminente na sua vigência e legitimação social.

No entanto, a década de 1960 mostrava outras implicações: teve início a completa transformação de Salvador, com nítidas repercussões sobre a vida dos negros na cidade. A nova industrialização, uma extensão do desenvolvimento do Sudeste, provocou profundas mudanças na cidade e no seu espaço. Com a expansão do emprego industrial e o avanço das oportunidades para a inser-

---

[32] Serra, Ordep op. cit. p. 135.
[33] *Jornal da Bahia*, 23-24/02/1964: "*Arte primitiva da África negra. Máscara africana exposta no Centro de Estudos Afro-Orientais da Universidade da Bahia, ora apresentando a mostra "Arte Africana Tradicional" que reúne mais de cem peças, esculturas em sua maioria, procedentes da África Ocidental. O escritor Gasparino Damata é o seu organizador e foi durante algum tempo adido cultural do Brasil em Gana*".

ção no emprego público e no comércio, os negros puderam, embora em posições sem grande expressão, obter empregos formais, com chances de mobilidade social. Ao contrário do passado, "quando sabiam o seu lugar", mantendo-se de certa forma invisíveis, com a mobilidade social ascendente muitos se defrontaram com as barreiras da cor que não eram percebidas até então.[34] Entretanto, a ditadura militar instalada em 1964, se apoiava na vertente culturalista da presença do negro em nossa formação, reagia violentamente a qualquer tentativa de questionamento de nossa "democracia racial". Entretanto, em 1974, numa reação ao carnaval branco foi criado, na Liberdade, um bairro popular de Salvador, o bloco afro Ilê Aiyê, com vários elementos estabelecendo uma relação com a africanidade e a "dança dos orixás". Foi o princípio do processo moderno de reafricanização.[35] Segundo Jônatas Conceição da Silva, a partir de relatos de militantes, já existiam entidades *"como o Malê Cultura e Arte Negra, o Núcleo Cultural Afro-Brasileiro, o Grupo de Teatro Palmares Inãron e pessoas independentes que estavam levando a questão do negro para outro caminho"*.[36] Quer dizer, já começava a se delinear na mente das pessoas a necessidade de se organizar um movimento negro político, reivindicativo e de oposição na Bahia, o "paraíso da democracia racial".[37] Em 25 de abril de 1979, era criado o bloco cultural Olodum, onde além da manutenção da africanidade, havia uma abertura para outros centros da negritude na diáspora. Assim, os blocos afro no decorrer dos anos, sobretudo nas décadas

---

[34] Sansone, Livio. O local e o global na Afro-Bahia contemporânea. *Revista Brasileira de Ciências Sociais.* 29, 1995, p. 72.

[35] Silva, Jônatas C. da. História de lutas negras: memórias do surgimento do movimento negro na Bahia. In: Reis, João José (org.) *Escravidão & invenção da liberdade.* Estudos sobre o negro na Bahia. São Paulo/Brasília: Brasiliense/CNPQ, 1988; Agier, Michel. Ni trop près ni trop loin. De l'implication ethnographique à l'éngagement intellectuel. *Gradivha,* 21, 1997. Segundo Jônatas Silva, foi um belga, naturalizado francês, Radovan Javice, quem ofereceu material para leitura no início do Ilê e contribuiu para a escolha do nome: "tinha um bom dicionário iorubá" (p. 280) Michel Agier, acrescenta que o dicionário era o "Yorubá tal qual se fala", elaborado inicialmente em 1948 por Mestre Didi, com várias edições, que pertencia ao Centro de Estudos Afro-Orientais (p. 71).

[36] Silva, Jônatas op.cit. pp. 281-282.

[37] Idem, ibidem, p. 282.

de 1980 e 1990, com grande primazia entre os jovens negros, de forma dinâmica, reinventaram as raízes africanas, nas danças, na música, na percussividade, nos adereços corporais, criando um referencial de negritude nitidamente identificado com a nossa africanidade. Porém, se o Ilê manteve essas premissas, progressivamente, sobretudo com a globalização da cultura, às raízes africanas a comunidade negra jovem incorporou símbolos da cultura negra internacional.[38] Vale ressaltar que em 1974, iniciava-se o projeto do Museu Afro-Brasileiro, a ser implantado na antiga Faculdade de Medicina, no Terreiro de Jesus, e, em 1976, já começavam a chegar as primeiras peças doadas pelo Governo de Gana e pelo Museu de Tervuren, bem como as aquisições da Nigéria e Benin, fruto da seleção de Pierre Verger. Porém, o Museu teria de esperar e muito pela sua inauguração, devido ao conservadorismo e racismo de segmentos da Faculdade de Medicina.[39]

Enquanto a cultura começava a ganhar novos rumos, um fato de fundamental importância ocorria em 1976: o fim da exigência de registro policial das casas de culto afro-brasileiro. A luta que desenvolvia a Federação Baiana do Culto Afro-Brasileiro teve, a partir de um Seminário organizado pela Prefeitura sobre a cultura da cidade, no prefeito de então, Dr. Jorge Hage, um grande aliado, pois ele, seguindo as recomendações finais do Seminário e dizendo-se porta-voz da comunidade intelectual reunida no conclave, encaminhou ao Governador um memorial, solicitando a libertação do candomblé do jugo da polícia.[40] Em 1977, seguiu uma expressiva delegação baiana para o Festival Mundial de Artes e Culturas Negra e Africana, em Lagos, na Nigéria, despontando Waldir Freitas Oliveira, Clarival Prado Valadares, George Alakija, Yeda Pessoa de Castro e Guilherme Souza Castro,[41] sem falar de nomes da comunidade negra como Olga do Alaketu e Cleuza do Gantois.

---

[38] Sansone, Livio op. cit.
[39] Os mesmos argumentos apresentados então, são reeditados em 1999 visando impedir a reinauguração do Museu Afro-Brasileiro na antiga Faculdade de Medicina.
[40] Serra, Ordep op.cit. p. 140.
[41] Abdias do Nascimento faz contundentes críticas aos intelectuais da delegação baiana. Ver Nascimento, Abdias. *O genocídio do negro brasileiro*. Processo de racismo desmascarado. Rio de Janeiro: Paz e Terra, 1978.

Em 1978, foi criado o Movimento Negro Unificado contra a Discriminação Racial, em São Paulo, e instalou-se na Bahia, em 4 de novembro, no Instituto Cultural Brasil-Alemanha.[42] Inicialmente, os militantes negros "políticos" tinham uma posição crítica em relação aos "culturalistas", sobretudo aos blocos afro[43] e ao povo-de-santo, no entanto, na década de 1980 progressos consideráveis foram realizados para a superação das cisões. Houve uma compreensão e talvez um certo pragmatismo de que pela cultura também se poderia fazer política.

Na década de 1970, o candomblé tornara-se uma religião popular, cada vez mais sincretizada[44] e plural, com iniciados e clientes de todas as raças e categorias sociais. Mas, ao mesmo tempo, um segmento expressivo dos terreiros, formado sobretudo das casas mais antigas, iniciava uma reação ao sincretismo religioso e valorizava o retorno às raízes africanas. Nasceu a Sociedade de Estudos da Cultura Negra no Brasil (1974). Em 1981, o CEAO realizou, com a participação de membros da Academia e da comunidade religiosa, o I Encontro de Nações de Candomblé.[45] Vale salientar que no bojo desse amplo processo de reafricanização, ganhou destaque para o mundo religioso o manifesto de 1983,

---

[42] Gonzalez, Lelia. O movimento negro na última década. In: Hasenbalg, Carlos e Gonzalez, Leila. *Lugar de negro*. Rio de Janeiro: Marco Zero, 1982, pp. 56-57.

[43] Sobre o assunto, ver: Risério, Antonio. Carnaval Ijexá. Salvador: Corrupio, 1981 pp. 76 a 89 e Silva, Jônatas C. op. cit.

[44] Em *A família-de-santo nos candomblés jeje-nagôs* (Salvador: UFBA, 1977) Vivaldo da Costa Lima, com a perspicácia que lhe é peculiar, já registrava a necessidade de uma maior atenção sobre o umbandismo nos candomblés da Bahia (p.185). Porém, as novas formas da sincretização do culto afro-brasileiro têm merecido pouca atenção dos afro-brasilianistas. Entre as exceções que conheço, destaco Senna, Ronaldo de Salles. *Um passeio nas estruturas do imaginário*. O resgate e a remissão de Lúcifer em diferentes contextos afro-brasileiros. Contraponto. Salvador: Universidade Católica de Salvador, 1998 e Lima, Fábio. *Exu vem aí*. Monografia de conclusão do Curso de Graduação em Ciências Sociais da UFBa, 1999 (Inédito). Nesses trabalhos eles abordam, entre outros aspectos, o "retorno paulista", ou seja, a presença da umbanda nos cultos afro-baianos.

[45] Nesse Encontro, o Xicarangomo Esmeraldo Emetário de Santana mostrava a singularidade de sua "nação" e requeria maior ortodoxia dos terreiros angolas. Provavelmente aí estava a postura política inicial, cujos reflexos seriam a realização, em 1997, do I Congresso das Nações Angola-Congo, no CEAO e a criação do Centro de Preservação das Tradições Bantos.

onde durante a Segunda Conferência Mundial da Tradição e Cultura dos Orixás, veneráveis mães-de-santo romperam com o sincretismo, gerando o fenômeno que pode ser denominado dessincretização ou descatolização.[46] Em 1982, após várias exposições do acervo em Salvador e no Brasil, foi inaugurado, não obstante a oposição de segmentos da escola de Nina Rodrigues, o Museu Afro-Brasileiro. Ali consagrava-se a junção do CEAO com a comunidade negra, em especial o povo-de-santo, com a cessão, por inúmeras casas tradicionais, de peças ao seu magnífico acervo. É também nesse período que a capoeira, através de importantes grupos como a Academia de Capoeira Angola do Pelourinho e a Associação Brasileira de Capoeira, buscou consolidar suas raízes africanas. É também o momento em que a Igreja do Rosário dos Pretos, consolidou-se como o palco cristão da comunidade negra, sobretudo com o processo de reafricanização dos seus rituais.[47]

Conclusões

A "escola baiana" proporcionou, em toda a sua história neste século, a legitimação simbólica de uma nova definição da realida-

---

[46] Consorte, Josildeth Gomes. Em torno de um Manifesto de Ialorixás baianas contra o Sincretismo. In: Caroso, Carlos e Bacelar, Jeferson (orgs.) *Faces da Tradição Afro-Brasileira*. Rio de Janeiro/Salvador: Pallas/CEAO, 1999.

[47] Vale salientar que tal processo de reafricanização da liturgia católica tem início na década de 1960, através da Igreja Abacial de São Bento. Uma crítica contundente a tal manifestação aparece em *A Tarde*, de 21/02/1965, na Opinião do Leitor, denominada "Missa do Morro": "*Agora diga-me Sr. Redator: não é paradoxal que, enquanto o Governo se esforça pela erradicação do analfabetismo e se dedica ao aprimoramento cultural do povo, uma Ordem Religiosa e, precisamente a Ordem Beneditina, fiel depositária das tradições de Solesmes, seja a pioneira da aculturação litúrgica e pretenda transformar a nossa Bahia em um povoado selvagem do centro da África*". A culminância do processo de reafricanização se deu agora, em julho de 1999, com o IV Encontro Nacional de Bispos, Padres e Diáconos Negros, em Salvador, tendo como tema "O diálogo com as tradições religiosas do candomblé". O encontro teve inclusive uma visita dos participantes aos principais redutos da cultura afro-baiana, incluindo candomblés. Assim como no passado, houve uma violenta reação de um padre da paróquia de Nossa Senhora das Dores, do Lobato: "*Não pode haver comunhão entre Deus e os Orixás. Essa mistura, que deram o nome de sincretismo, é coisa do demônio, pois é um pecado grave contra o primeiro mandamento de Deus*", disse o padre Pedro Mathon. *A Tarde*, 23/07/1999, p. 3.

de, pautada na africanidade, contrapondo-se à definição vigente, branca e europeizante. Na década de 1930, tem início o processo intelectual de inclusão da africanidade no ser baiano, porém, só nas décadas seguintes, sobretudo na década de 1960, com a criação do CEAO, tal perspectiva se afirmou através da Universidade. Se anteriormente os etnógrafos e intelectuais – artistas, jornalistas, escritores – já divulgavam a cultura afro-brasileira, a partir da nova instituição, tal situação foi reforçada e os afro-descendentes tiveram acesso à Universidade, através das suas diversas atividades, valorizadoras da cultura afro-brasileira. Portanto, a Universidade legitimava a cultura dos negros da Bahia, em especial da família do povo-de-santo. A aproximação, iniciada com Nina Rodrigues, tornou-se cada vez mais efetiva, com acadêmicos cada vez mais integrados aos movimentos da cultura negra e esta, por sua vez, transformando o CEAO no reduto universitário do povo negro. Essa integração tem sido um elemento constante na vida do CEAO.

É evidente que a rica história do CEAO na década de 1960 e a produção acadêmica dos seus importantes membros, serviram sem dúvida de painel de reflexão e canal de expansão de idéias, conceitos e esquemas eruditos que tiveram acolhida entre as lideranças da comunidade negra e formaram a base para a institucionalização de uma inteligência nativa. Entretanto, estabelecer uma relação direta, reflexa, entre "a escola baiana" e os rumos assumidos pelo movimento dos negros baianos, seria ingenuidade ou má-fé. Primeiro, porque a "escola baiana" jamais se constituiu em um bloco homogêneo, sendo palco de grandes cisões e conflitos. Segundo, porque indicaria os negros como receptáculos vazios das argumentações dos intelectuais, o que jamais ocorreu. Por exemplo, a valorização da cultura dos negros assumida pelos intelectuais da década de 1930, refletia a força do mundo negro-africano vigente em Salvador naquele momento. Por sua vez, o processo moderno de reafricanização, com sua vertente politizante, jamais poderia ser atribuído aos intelectuais de maior expressão da "escola baiana", em grande parte vinculados à perspectiva dos mitos da democracia racial e cultural. A reação, por exemplo, dos bantos à hegemonia nagô, não obstante muitos intelectuais valorizassem as outras nações, teve sempre como mote, haver sido ela uma criação da Academia.

Enfim, a relação entre a "escola baiana" e a reafricanização dos costumes sempre foi intensa, difícil é precisar a repercussão das suas perspectivas na comunidade negra. É um estudo ainda a ser feito.

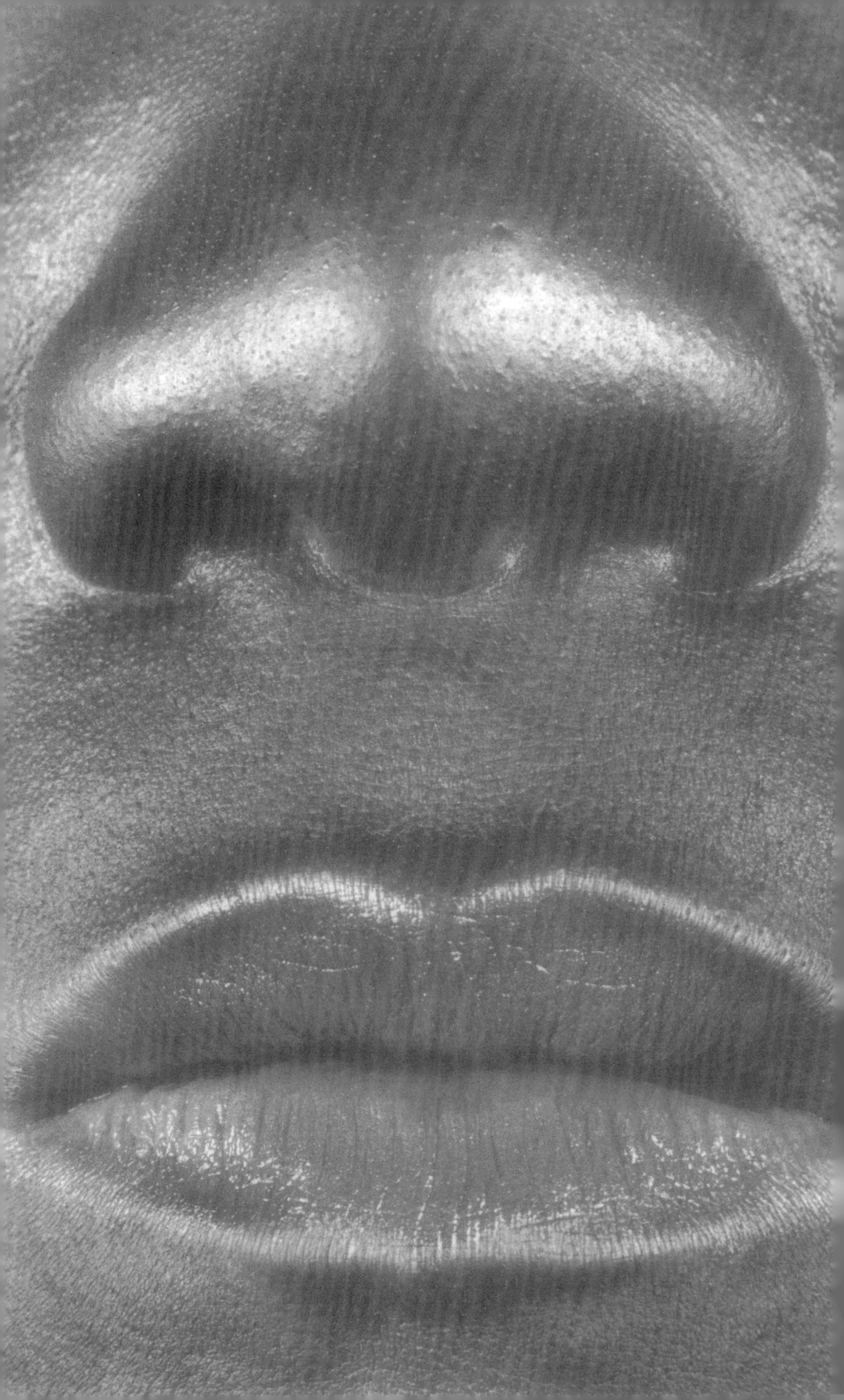

6
A FRENTE NEGRA BRASILEIRA NA BAHIA*

No início da década de 1930, começou a organizar-se a Frente Negra Brasileira. Em 16 de setembro de 1931 foi fundada a Frente Negra em São Paulo e em 1933 começou a circular o seu jornal, denominado *A Voz da Raça*. Desde a sua formação, a Frente Negra desenvolveu uma organização que possibilitou o seu crescimento e penetração em São Paulo e em várias outras regiões do Brasil. Era dirigida por um Grande Conselho, composto de 20 membros, selecionando-se dentre eles, o seu presidente. Havia ainda um Conselho Auxiliar, formado pelos cabos distritais da Capital. Com sede em São Paulo, tinha delegado da capital, interior e outros Estados.

Uma razoável bibliografia tem se ocupado da presença e desenvolvimento da Frente Negra em São Paulo,[1] mas, no resto do país ela é escassa ou quase nula. Na Bahia, excetuando a

---

* Trabalho publicado originalmente na revista *Afro-Ásia*, nº 17, Salvador: CEAO, 1996.
[1] Sobre o assunto, ver: Roger Bastide. A imprensa negra do Estado de São Paulo. *Estudos Afro-Brasileiros,* São Paulo, Editora Perspectiva, 1973, pp. 132-156; Florestan Fernandes, *A integração do negro na sociedade de classes,* v.2, São Paulo: Ática, 1978, pp. 1-115; Clóvis Moura, Organizações Negras. Paul Singer e Vinicius Caldeira Brant (orgs.), *São Paulo: o povo em movimento.* Petrópolis: Vozes/CEBRAP, 1980, pp.154-157; Elisa Nascimento, *Pan-africanismo na América do Sul.* Emergência de uma rebelião negra. Petrópolis: Vozes/IPEAFRO, 1981, pp. 178-184; Miriam Ferrara, *A imprensa negra paulista* (1915-1963). São Paulo: FFLCH, 1986, pp.62-85; George Reid Andrews, *Blacks and whites in São Paulo - Brazil* 1888-1988. Madison: The University of Wisconsin Press, 1991, pp. 146-156; Quilombhoje (org.) Frente Negra Brasileira: depoimentos/entrevistas e textos: Marcos Barbosa. São Paulo: Quilombhoje, 1998.

abordagem de Thales de Azevedo² em as *Elites de Cor*, e breve referência em artigo de Maria de Azevedo Brandão³ inexiste qualquer obra tratando da sua organização.

Daí é que, com base em documentação extraída dos jornais da época, aventurei-me a mostrar um pouco da sua presença e significado na vida baiana. E, sobremodo, intentar que seja uma abertura para estudos mais aprofundados sobre os movimentos negros em Salvador no período após a Abolição.

A Frente Negra de Salvador

Segundo Thales de Azevedo, até a década de 1930, as únicas organizações de "gente preta" existentes na cidade eram as irmandades e algumas associações operárias e beneficentes, nenhuma das quais tinha a finalidade expressa de defesa das pessoas de cor contra os preconceitos raciais.⁴

Em pesquisa nos jornais, além da Sociedade Educadora Treze de Maio⁵ – criada com finalidades educacionais e de controle sobre a massa egressa da escravidão – encontrei referência apenas à Liga Henrique Dias, presumivelmente formada por pretos. No caso, o jornal *O Democrata*, de 21 de março de 1917, anunciava uma reunião da liga, para "*tomar conhecimento do fato de*

---

² Thales de Azevedo, *As elites de cor*. São Paulo: Companhia Editora Nacional, 1955, pp. 185-193.
³ Maria de Azevedo Brandão. Conversa de Branco. *Revista de Cultura Vozes*, n. 3, 1979, p. 34.
⁴ Azevedo, op. cit., p. 185.
⁵Ainda no calor das festas, ou no secar das lágrimas, o Presidente da Província já convocava, em 16 de maio de 1888, uma reunião para a criação da Sociedade Treze de maio, com a finalidade de "*recorrer a acção particular para promover a instrução dos libertos, defendel-os quando preciso , e dar-lhes collocação e trabalho, evitando-se os perigos que da vagabundagem pudessem resultar para a ordem pública*". (*Falla com que o Des. Aurélio Ferreira Espinheira 1º Vice-Presidente da Província abriu a 2ª. sessão da 27ª. Legislatura da Assembléia Legislativa Provincial, no dia 2 de abril de 1889, p. 96)*. Aceita por unanimidade a criação. Já no dia 21 de maio a Sociedade estava instalada. No ano de 1898, a Sociedade ainda se mantinha atuante, tendo a sua escola "*matriculados na aula diurna 97 alunos, com a freqüência de 70 mostrando no mez aproveitamento de 53; e na aula noturna a matrícula de 89 alunos menores e adultos e a freqüência de 26*"*Diário da Bahia*, 28/10/1898, p. 3.

ter padre jesuíta diretor do collegio Antonio Vieira recusado receber ali, para educar, um menor de cor preta". Não encontramos posteriormente indicações sobre as atividades ou mesmo a sobrevivência da citada organização, nem tampouco sobre o desdobramento do raro caso de racismo expresso na imprensa.

Em suma, de forma geral, corroborando o pensamento de Thales de Azevedo, não ganhou destaque na Primeira República nenhuma organização emanada do "meio negro" que tivesse a perspectiva de romper a forma tradicional de acomodação e dominação racial, investindo no protesto ou reivindicando melhores condições para os pretos e mestiços na sociedade baiana.

Entre julho e novembro de 1932 foi criada a Frente Negra da Bahia, porém a sua instalação com sessão do Grande Conselho, presidido por Marcos Rodrigues dos Santos, ocorreu em 15 de novembro na sua sede provisória na rua Ruy Barbosa, nº 44 (loja). Na oportunidade, além da comunicação às autoridades – no caso ao interventor Juracy Magalhães – e à frente Negra de São Paulo (*"a qual é aqui filiada"*) deliberou-se que no dia seguinte seus membros estariam reunidos para tratar da confecção dos estatutos.[6]

O seu idealizador, Marcos Rodrigues dos Santos, em entrevista à grande imprensa, falou de sua trajetória de vida:

> *"Sou de Santo Antonio de Jesus, disse. Ali aprendi primeiras letras com a Profa. Zizinha que ainda vive e o ofício de sapateiro. Mas não eram essas minhas aspirações. Por isso aos 14 anos vim aqui para capital. A vida foi difícil mas sempre consegui trabalho. Pertencendo à conferência de São Vicente de Paula pude ser adjunto de Conferente das docas por pedido de D. Henriqueta Catharino, que o fez para atender ao Dr. Augusto Lopes Pontes. Desde então gostava de ensinar a ler aos que não sabiam, chegando a reger a Escola noturna da Sociedade de São Vicente da Mouraria. Depois emigrei. Fui alfabetizar em Segueiro do Espinho, Verruga, Encruzilhada. Ahi iniciei a minha vida de judeu errante viajando para o norte de Minas, sempre pregando contra*

---

[6] *Diário da Bahia*, 16/11/1932.

o analfabetismo. Desci depois o Jequitinhonha, estive em Cachoeirinha, Canavieiras e Belmonte, voltando a esta capital em 1924. No anno seguinte casei-me. Vendo que ninguém é profeta em sua terra emigrei novamente. Fui para São Paulo. Vicentino que eu sou, consegui empregar-me como fiscal de estrada de rodagem. Fundei uma Conferência de São Vicente e uma escola em Cubatão, Judeu errante sempre, fui depois para Santos, lecionando no mosteiro de de São Bento. Ahi fundei a Frente Negra, conseguindo alistar quatro mil negros. Em 1932, apertaram as saudades e vim para a mulata velha."[7]

Evidentemente, a rica trajetória de Marcos Rodrigues dos Santos, sobretudo a sua experiência paulista, condicionou não apenas a elaboração dos estatutos, tendo a Frente Negra de São Paulo como modelo, mas também os rumos do movimento.

A proposta da Frente Negra da Bahia, na *"defesa dos direitos e interesses da sua classe"*, pautava-se no seguintes pontos.

"1º Alphabetização, como um dos formidáveis factores da sua instituição, o que deve constituir a pedra angular de todas as organizações que se venham fundar no nosso Brasil.
2º O levantamento moral da raça, falha que vem da sua gênesis, principalmente o que vem em relação à formação nobilíssima da família. Devemos mesmo trabalhar pela formação da elite da mulher negra [...]. O negro será ajudado, não lhe faltará a moeda para o sustento da família já legalmente constituída. Trabalho tampouco faltará pois é um dos pontos de maior cogitação nossa. A Frente Negra tem uma política de sua orientação mui sutilmente estudada pois o negro não pode estar alheio a política do seu paiz, servindo tão-somente de guarda-costas aos srs. Candidatos que julgam ser este o seu único lugar nos pleitos e o negro que dá tudo que tem, quando não lho arrancam maneirosa ou mesmo agressivamente, nada pede para si".[8]

---

[7] *Diário da Bahia*, 16/11/1932.
[8] *Diário da Bahia*, 26/04/1933.

Em janeiro de 1933, a Frente Negra instala-se de forma permanente na rua da Ajuda, nº 12, mantendo, conforme notícias dos jornais de Salvador, até agosto do mesmo ano, as suas atividades. No plano educacional, iniciam cursos de alfabetização noturnos:

"o que mais satisfaz no momento é a maneira carinhosa com que alphabetiza o grande número de alunnos que buscaram a sua sede ávidos de educação e instrução. É tocante ver-se senhores e creanças em singela promiscuidade atarefados no desempenho das lições e das escriptas, num verdadeiro anseio de aprender".[9]

Mas também abrem *"inscrições para o cursos: primário, complementar, de musica, dactylographia e linguas"*.[10] Os fundos para manutenção das atividades, vinham de sessões beneficentes:

"não só por falta de meios mais promptos, como pella concurrência de alunos, a 'Frente' necessita comprar um mobiliário escolar. Para isso foi organizado um Festival no Cine Olympia para o dia 30 deste mez para o qual a 'Frente Negra' tem encontrado apoio confortador."[11]

Eram festas com finalidades recreativas e culturais, mas também visando desenvolver a solidariedade e o orgulho racial. Assim, reuniam-se os frentenegrinos para assistir a um "film inédito" e participar do "jazz" da Frente Negra, *"cantando nesta ocasião o hyno da Frente"*.[12] Uma das perspectivas alentadas pela organização era a criação de uma nova imagem para a mulher negra, daí a institucionalização de um quadro social feminino.[13]

---

[9] *Diário da Bahia*, 21/06/1933.
[10] *Diário da Bahia*, 21/06/1933.
[11] *Diário da Bahia*, 26/05/1933.
[12] *Diário da Bahia*, 03/06/1933. Em São Paulo, a Frente Negra tinha um hino. Não sabemos se seria um único hino para a Frente ou se apresentavam versões regionais. Existia também em São Paulo uma bandeira com quatro cores: *"simbolizava o português (cor branca), o índio (cor vermelha), o africano (cor preta) e o verde em forma de palmeira, representando a Guerra de Palmares."* A voz da Raça, 1936, ano II, nº 56, apud Miriam Ferrara, *A imprensa negra*, p. 68.
[13] *Diário da Bahia*, 17/06/1933.

Nas comemorações do 13 de maio, reverenciavam as figuras abolicionistas, como Castro Alves, Luís Gama, José do Patrocínio, porém sem esquecer os batalhadores da "causa negra" do presente século:

> *"Às 9 horas como ficou estabelecido, grande número de frente-negrinos foram em verdadeira romaria aos túmulos dos profs. Maxwel Porphirio, Ascendino dos Anjos e Manuel Querino, onde depositaram flores naturais".*[14]

Maxwel Porphirio de Assumpção era advogado, negro, sendo o personagem a quem se refere Donald Pierson, ao tratar da importante família Alakija, de origem africana.[15] Vários dos seus descendentes são hoje profissionais liberais bem sucedidos em Salvador. Foi Maxwel que, na década de 1920, avocando a sua negritude, protestou, através da imprensa, contra o projeto apresentado à Câmara Federal pelo deputado Cincinato Braga proibindo a imigração negra para o Brasil.[16] Segundo o historiador Cid Teixeira, Ascendino dos Anjos era uma liderança negra, funcionário da Escola Politécnica da Bahia. Ambos, assim como tantas outras lideranças negras da Bahia, estão por merecer estudos biográficos aprofundados e sistemáticos. Mais conhecido, Manuel Raimundo Querino foi abolicionista, político, jornalista, professor, um dos precursores da Antropologia brasileira e sobretudo um dos grandes defensores da causa negra no Brasil.[17] A Frente Negra promovia conferência, com temas como "O negro, a Indústria e a Sociedade" ou "O Negro bahiano, a família e a alphabetização", bem como publicava *"um semanário, com o objetivo de divulgar e defender os interesses da organização partidária que lhe tem o nome"*.[18]

---

[14] *Diário da Bahia*, 17/06/1933.
[15] Donald Pierson, *Brancos e pretos na Bahia*. Estudo de contacto racial. São Paulo: Companhia Editora nacional, 1971, p. 280.
[16] *A Tarde*, 08/08/1921.
[17] Manuel Querino foi objeto de um relato biográfico traçado pelo historiador Jorge Calmon. Inicialmente publicado na série Ensaios e Pesquisas do Centro de Estudos Afro Orientais com o título *Manuel Querino, o jornalista e o político, Salvador, CEAO, 1980*. Recentemente foi republicado com o título *O vereador Manuel Querino*. Salvador: Câmara Municipal de Salvador, 1995.
[18] *Diário da Bahia*, 16/02/1933.

A Frente também mediava as questões mais práticas como a intervenção no mercado de trabalho. Na própria sede da Frente foi instalada uma agência de empregos *"visando melhorar e controlar os diversos místeres em que se ocupavam os operários e domésticos [..] para onde qualquer empregador o desempregado poderá se dirigir"*.[19]

Porém, foi no campo político que a sua atuação ganharia maior impacto, através da realização de comício no Largo 2 de Julho, na Fazenda Garcia, no Largo do Tanque da Conceição, em Sete Portas, Baixa de Quintas e nas docas, *"focalizando a alphabetização da raça e a liberdade de voto"*.[20] Estimulados pela grande adesão aos "meetings", como, por exemplo, nas Docas, entre os 4º e 5º Armazéns, onde chegaram a reunir 3.000 mil pessoas, a frente lançou candidato próprio – Dionysio Silva – para a Constituinte Nacional.[21]

Do ponto de vista do idéario, bem como das ações, existem muitas aproximações entre a Frente Negra paulista e a baiana. Porém, levando em consideração as peculiaridades históricas e políticas de Salvador, no que concerne ao seu quadro social e o alcance de suas propostas, iremos verificar um grande distanciamento entre as duas Frentes.

Assim como em São Paulo, a Frente Negra baiana não vai contra a ordem social, política e econômica estabelecida. O que ela pretende é a integração do negro, através da conquista das oportunidades e garantias sociais legalmente consagradas pelo regime vigente. E essa conquista se daria pela imitação dos exemplos fornecidos pelos próprios brancos. Sobre São Paulo, escreve Florestan Fernandes: *"A essa complexa aprendizagem prendem-se as palavras de ordem que se formaram, que insistiam no valor da vida familiar integrada, na sociedade doméstica, no respeito pela mulher, na importância da educação dos filhos, etc., que lançariam a "população de cor" em uma autêntica política cul-*

---

[19] *Diário da Bahia*, 10/05/1933.
[20] *Diário da Bahia*, 02,13,14,21,31/03/1933 e 26/04/1933.
[21] *Diário da Bahia*, 31/03/1933.

tural de assimilação em bloco de complexos sócio-culturais a que se mantivera, antes, mais ou menos indiferente. [22]

Do ponto de vista ideológico, conforme podemos observar, há uma perfeita sincronia entre São Paulo e Bahia. Entretanto, no que concerne a seus quadros, já existe uma distinção.

Em São Paulo, os pretos e mestiços que foram durante toda a Primeira República discriminados abertamente no mercado de trabalho e substituídos pelos imigrantes, tinham grandes expectativas de superação da dominação racial vigente na década de 1930. A possibilidade de mudança acenada pela Revolução, em combinação com o desencanto das elites dirigentes em relação ao imigrante estrangeiro, favoreceu o desencadeamento de um movimento especificamente negro visando a sua inserção moral e material na sociedade. A Frente Negra encontra perfeito eco no seu afã mobilizador, seja diante da grande "massa de cor" – excluída da prosperidade geral – seja diante de segmentos das "camadas médias negras", impossibilitadas de ascender socialmente. [23]

Em Salvador, com história diferente da de São Paulo, os descendentes dos escravos não são desalojados das suas posições no mercado de trabalho, alguns mestiços integram-se ao "mundo dos brancos" e muitos pretos, sobretudo no trabalho autônomo, atingem modesta, mas estável condição material. Por sua vez, a Revolução de 1930 não opera grandes transformações no campo social em Salvador, sendo mantidas as tradicionais formas de dominação e relações raciais. Ou seja, uma situação completamente distinta da existente em São Paulo, onde o *"padrão de relação entrou em crise progressiva e irreversível, graças aos efeitos da universalização do trabalho assalariado, à consolidação da ordem social competitiva e à industrialização".* [24]

Assim, a Frente Negra de Salvador é inteiramente rejeitada pela elite mestiça, auto-identificada socialmente como branca, bem como pelos pretos que atingiram alguma prosperidade material. Antonio Rocha Pitta, funcionário do Estado, antigo te-

---

[22] Fernandes, *A integração do Negro*, p. 15.
[23] Idem, pp. 23-24.
[24] Idem, pp. 16.

nente da Guarda Nacional, expressou objetivamente tal situação: *"Botaram meu nome na Frente Negra. Nada tenho que ver com a Frente Negra. Não vejo razão para isso e sou contra".*[25] Thales de Azevedo reitera tal perspectiva, ao assinalar:

> *"A posição dos escuros de status profissional elevado é geralmente de alheiamento por esses movimentos; muito poucos na verdade prestigiam-nos. Quando muito, dão a sua adesão nominal e fazem contribuições pecuniárias para os mesmos, mas acompanham de longe as suas atividades, evitando toda publicidade a seu respeito, embora simpatizem com o programa dos que se propõem a elevar pela educação os pretos humildes."*[26]

Isso quer dizer que a Frente Negra do "paraíso racial" baiano encontra, no máximo, entre esses segmentos da população mestiça e preta, benevolência e paternalismo para o desenvolvimento de suas atividades assistenciais. Nada de comunhão de idéias e muito menos participação.

As ações desencadeadas contra a discriminação racial, evidenciando o empobrecimento da grande massa preta, e a luta contra o preconceito – largamente explorada em São Paulo – do qual eram contumazes vítimas, não encontrariam qualquer guarida entre os pretos e mestiços socialmente ascendentes. Prefeririam o lugar que lhes era concedido pelo "mundo dos brancos".

A realidade do "mito da democracia racial" era inquestionável, não havendo assim motivo para as pessoas se agruparem em função da sua cor. Isso teria caráter de luta, que é indesejável. O pardo e o preto devem procurar entrar pelas portas largas do merecimento, sem necessidade de forçá-las.[27]

Ao contrário de São Paulo, a Frente Negra de Salvador é criada por um operário, dirigida por pretos e mestiços de condição bastante modesta e tem a participação exclusiva, ainda que pequena, da classe trabalhadora.

---

[25] *A Tarde*, 23/01/1933.
[26] Azevedo, op. cit, p. 191.
[27] Idem, pp. 191-192.

A receptividade da Frente Negra nas categorias subalternas tem íntima vinculação com a história da luta proletária em Salvador. Ao iniciar-se a década de 1930, a Bahia atravessa uma grave crise econômica e social, com desemprego em massa e empobrecimento generalizado dos trabalhadores.[28] Por sua vez, a contínua repressão desencadeada ao longo da década de 1920 sobre o movimento operário solapava brutalmente a sua capacidade reivindicatória. A revolta ocorria muitas vezes até mesmo de forma violenta, como no episódio do "quebra-bondes" de 1930.[29] Porém, a insatisfação generalizada existente na classe proletária, acuada pela repressão e vendo esfaceladas as conquistas atingidas anteriormente, precisava de canais sistemáticos, contínuos, organizados, de reação ao poder vigente. A presença do interventor Juracy Magalhães que, com pragmatismo político, alia-se aos grupos dominantes estabelecidos – mantendo as suas práticas – e intensifica o autoritarismo, cerceia ainda mais a possibilidade de mobilização e luta do proletariado.

A Frente Negra tornou-se, então, um veículo importante para trazer à tona, ainda que timidamente, as insatisfações reprimidas. Mais, expunha um componente, a questão racial, que embora aparentemente adormecido tocava fundo no contigente majoritário da classe trabalhadora.

Enquanto em São Paulo a Frente Negra – pela composição dos seus quadros e forma histórica de participação social do negro – dava o máximo de evidência ao "preconceito de cor" (englobando todos os padrões assimétricos de relações raciais), tal perspectiva não ganha corpo em Salvador. Primeiro, enfatizar o preconceito seria atingir frontalmente um dos valores básicos da sociedade e cultura baianas: o mito da democracia racial, concepção incorporada por todos os segmentos sociais, inclusive a maioria da massa trabalhadora, apesar de sair dela a liderança e os membros da organização. Segundo, a Frente passava distante – na medida em

---

[28] Consuelo Novais Sampaio, *Poder & representação;* o legislativo da Bahia na segunda república. Salvador: Assembléia legislativa, 1992, pp. 42-43.
[29] Idem, pp. 43-44.

que os "pretos pobres estavam em seu lugar" – dos mais atingidos pelo preconceito, que eram os pretos e mestiços ascendentes social e economicamente. Assim, a Frente Negra de Salvador enfatizaria a discriminação – *"Ella aconselha a estudar a miséria do negro em toda parte"* [30] –, os padrões de desigualdade socioeconômica entre brancos e pretos, sendo os últimos mantidos na pobreza e desassistência. Mostrava, desse modo, uma situação incontestável e com forte eco na massa negra empobrecida. Par superar os padrões assimétricos, a Frente Negra apresentou como proposta a união racial. Solidários, através da educação e da participação política, os negros poderiam integrar-se no "Brasil civilizado". Pode-se dizer que, dadas as circunstâncias e o pragmatismo do seu programa, a Frente Negra obteve repercussão e ganhou significado para setores da massa trabalhadora. Ademais, pela primeira vez abordou uma questão tabu para a sociedade de Salvador: a situação racial. Ao enfocar a desigualdade entre as raças e suscitar a solidariedade negra, acertava em cheio no diagnóstico; porém, conforme veremos, as bases da construção do diagnóstico e o "remédio" recomendado se mostraram bastante frágeis. Daí a curta duração da Frente em, torno de um ano.

Segundo Florestan Fernandes, tratando da Frente Negra em São Paulo, o "branco" não se levantou contra o "negro" nem se opôs, abertamente, a seus movimentos reivindicatórios. Em Salvador, porém, a imprensa local, ao surgir a Frente Negra, considerou

> *"uma novidade para a Bahia a notícia de que homens de côr, para os quais não se fazem distinções, tanto que os há em todas as carreiras e postos, vão se consagrar [...] um professor da Universidade, num artigo irônico, chegou a levantar a hipótese de que o movimento fosse resultante da influência comunista que se estivesse aproveitando da agitação política da ocasião."* [31]

Por uma dessas ironias da história, décadas mais tarde, ocorreria o mesmo fenômeno quando do surgimento do bloco cultu-

---

[30] *A Tarde*, 23/01/1933.
[31] Thales de Azevedo, op. cit, p. 186.

ral Ilê Aiyê, em 1975, com virulenta reprovação do mesmo jornal *A Tarde*.[32]

Entretanto, excetuando essas notas jornalísticas que expressavam o ideário da sociedade local, assim como em São Paulo, não se verificou em nenhum momento oposição aberta do "mundo dos brancos". O que a Frente Negra de Salvador teve realmente de reação frontal a seus objetivos e desenvolvimento foi o peso de todo um sistema de valores e práticas – pautados no mito da democracia racial e desqualificação do preto – cotidianamente vivenciados por brancos e não-brancos. Um sistema tão visceralmente entranhado nas categorias raciais que compunham Salvador, a ponto de um "informante mulato" dizer:

> *"Uma das primeiras atividades da Frente, que desagradou às pessoas escuras de status mais elevados [...] foi um desfile de pobres pretos por uma das ruas comerciais da cidade com o fito de mostrar a miséria em que viviam aqueles e de despertar atenção para a nova organização."*[33]

Segundo o mesmo informante, o movimento "já nasceu fadado ao fracasso pois fora organizado como uma espécie de revolta." [34]

Enfim, como até os dias atuais, os discursos e práticas do projeto hegemônico – construído pelos grupos dominantes, pelo "mundo dos brancos" – a conferir força e durabilidade no que viríamos a chamar de "baianidade", foram mais eficazes do que qualquer ação repressiva direta. Este era e continua a ser o nó górdio, o limite para o alcance dos movimentos negros. Como reflexo da dominação racial e política, o ideário da Frente Negra em torno da autonomia do voto, que permitiria sua aceitação na massa trabalhadora, refluiria para o corriqueiro de cooptação pelos "donos do poder". Mas logo no início, ao reavivar o sonho

---

[32] Jónatas C. da Silva. História de lutas negras: memórias do surgimento do movimento negro na Bahia. In: João José Reis (org.) *Escravidão & invenção da liberdade*. Estudos sobre o negro no Brasil. São Paulo/Brasília: Brasiliense/ CNPq, 1988. pp. 278-281.
[33] Azevedo, op. cit., p. 186.
[34] Idem, ibidem, pp. 186.

projetado pelos membros do partido Operário, pós-abolição, a Frente recebeu do *"povo os mais vivos applausos, pela clareza e sinceridade com quem expõem os assuntos."* [35]

Em 31 de março de 1933, a Frente Negra lançou o professor Dionysio Silva como candidato a *"representante único da Frente à Câmara Federal"*, ou seja, às eleições para Assembléia Nacional Constituinte.[36] Entretanto, dois dias antes das eleições, o poder institucional falou mais alto e a Frente Negra deliberou retirar o seu apoio ao candidato prof. Dionysio Silva. Em vista disso, resolveu o seu presidente, Prof. Marcos Rodrigues dos Santos, organizar *"uma chapa eclética, sufragando candidatos reconhecidos sem preconceito de cor."* [37]

O resultado da trajetória política da Frente em Salvador, é apresentado por Consuelo Sampaio:

> *"Divergências internas enfraqueceram a entidade, que acabou absorvida pela Ação Social Proletária, ou simplesmente Ação Proletária, partido organizado sob a tutela do interventor Juracy Magalhães e composto de cerca de 20 pequenos sindicatos controlados pelo governo".* [38]

Mais uma vez morria no nascedouro o sonho dos trabalhadores não-brancos: o jogo institucional do poder, a política no seu campo específico, permanecia um atributo dos brancos.

A trajetória de Marcos Rodrigues dos Santos ainda precisa ser desvendada. Em 1937, o frentenegrino baiano escrevia em *A*

---

[35] *Diário da Bahia*, 21/03/1933. Na cidade do Salvador, em 1891, movidos provavelmente pelas idéias de igualdade jurídica preconizadas pelos republicanos baianos uma parcela dos trabalhadores urbanos criou o Partido Operário. Chegou até mesmo a lançar candidatos autônomos, entre eles Manuel Querino. Pouco tempo depois de criado, o próprio Presidente do Partido já dizia que *"não cogitava de política, podendo seus membros ter ampla liberdade para sufragar as candidaturas que entendessem"*. Nenhum dos candidatos conseguiu se eleger e o Partido Operário cedo deixou de existir. Mário Augusto da Silva. *Sobrevivência e tensões sociais:* Salvador, 1890-1930. São Paulo: Tese de Doutoramento na FFLCH da Universidade de São Paulo, 1982, pp. 376-377. Portanto, o processo de cooptação já tinha fortes raízes.
[36] *Diário da Bahia*, 31/03/1933.
[37] *Diário da Bahia*, 01/05/1933.
[38] Sampaio, op. cit., p. 83.

voz da Raça artigo intitulado "*O que pretendem os Negros Frente-negrinos com o nome de 'Frente Negra Brasileira'*".³⁹ E na década de 1950, segundo Cid Teixeira, ele estava em Salvador, onde viria a falecer. Em verdade, ele foi a grande liderança da Frente Negra na Bahia e o responsável pelo seu desenvolvimento.

A Frente Negra apresentava contradições. Conforme já observamos, ela não atraiu as elites mestiças e pretas de Salvador, conseguindo atingir tão-somente a classe trabalhadora. Ela propunha a integração dos negros ao mundo dos brancos, mas os "negros socialmente ascendentes" se afastavam inteiramente da identificação com os pretos pobres e seu modo de vida. Ou seja, quanto mais bem sucedido o negro, mais integrado e mais distante da identidade negra, inclusive da participação na Frente. Pior, a Frente repetia o ideário dominante da desqualificação do negro:

"*O nosso selvagem precisa do nosso concurso e havemos de por os nossos pés civilizados em seu meio e faremos delles semelhan-*

---

³⁹ Marcos Rodrigues dos Santos elaborou um pequeno histórico da luta e organização do negro, criticou a ausência de "*colaboração da maioria do negro intelectual brasileiro*" e conclui enfatizando que a "*Frente Negra, pois, veio despertar, estimular, empregando todo o esforço para salva a geração que surge.*" Miriam Ferrara, *A imprensa negra*, p. 633. José Correia Leite, em depoimento, faz, sobre ele, as seguintes considerações: "Lembrei do tempo quando foi fundado o Centro Cívico Palmares e, dentre as pessoas que militavam lá, havia um baiano que se chamava Marcos dos Santos. Ele era todo altivo, um considerado professor. E ele, não sei como, no Palmares entrou em contato com os irmãos Veiga dos Santos e acabaram descobrindo ser parentes. O ramo dele era da Bahia, o outro era do ramo aqui de São Paulo. Acabaram descobrindo que eram netos de Luiz Gama. Isso no meio negro foi assunto de muita troça. O Luiz Gama era "Gonzaga Pinto da Gama" e eles eram "Santos". Com o tempo viemos saber que Marcos dos Santos era o organizador da Frente Negra da cidade de Santos. Tinha sido também participante ativo do Centro Cívico Palmares. Certa vez ele escreveu uma carta para o Humberto de Campos, o cronista dos menos favorecidos, dos atormentados, dos desajustados. E ele respondeu a carta com uma de suas crônicas famosas, intitulada "O Negro Brasileiro" e constante de um dos seus livros. Esse trabalho deixou Marcos dos Santos muito orgulhoso. Depois ele regressou à Bahia e nunca mais a gente o viu aqui em São Paulo. Era um homem que a gente gostava de conversar com ele, embora ele tivesse uma doença de sono. Quando estava conversando, de repente você olhava e ele estava dormindo. Mais tarde eu tive um contato com ele na Bahia e a doença continuava. Ele até morreu disso". In: Cutti (org.) E disse o velho militante José Correia Leite: depoimentos e artigos. São Paulo: Secretaria Municipal de Cultura, 1992, pp. 109-110.

tes a nós. Levaremos nosso 'credo' e lhe ensinaremos a crer, a amar e a venerar o Brasil civilizado."[40]

Parcelas significativas dos não-brancos tinham perfeita consciência de sua exclusão do estilo de vida e consumo dos grupos dominantes e, por sua vez, sabiam da estigmatização imputada ao seu próprio modo de vida. Portanto, aceitar a perspectiva da Frente consistiria em afirmar-se como uma caricatura dos pretos e mestiços ascendentes. Jamais algo próximo da sua experiência na sociedade baiana. Evidencia-se assim um completo descompasso entre as idéias da Frente e os participantes que pretendia atrair. O seu programa assistencial, que implicaria uma ação direta efetiva sobre a massa negra, carente de recursos materiais, sem apoio, não teve maior fôlego. A própria Frente, ao que tudo indica, era ela própria carente de recursos.

Provavelmente em setembro ou outubro de 1933 a Frente Negra de Salvador já agonizava. Vida curta, é verdade, porém, de fundamental importância na história dos negros na Bahia, na medida em que, como movimento organizado, trouxe à tona a questão racial, a desigualdade entre pretos e brancos e a escolha da união dos negros como caminho para a superação do preconceito e da discriminação. Mesmo as suas contradições e insucessos podem servir de base para uma reflexão sobre os caminhos dos movimentos negros na Bahia.

---

[40] *Diário da Bahia*, 28/12/1933.

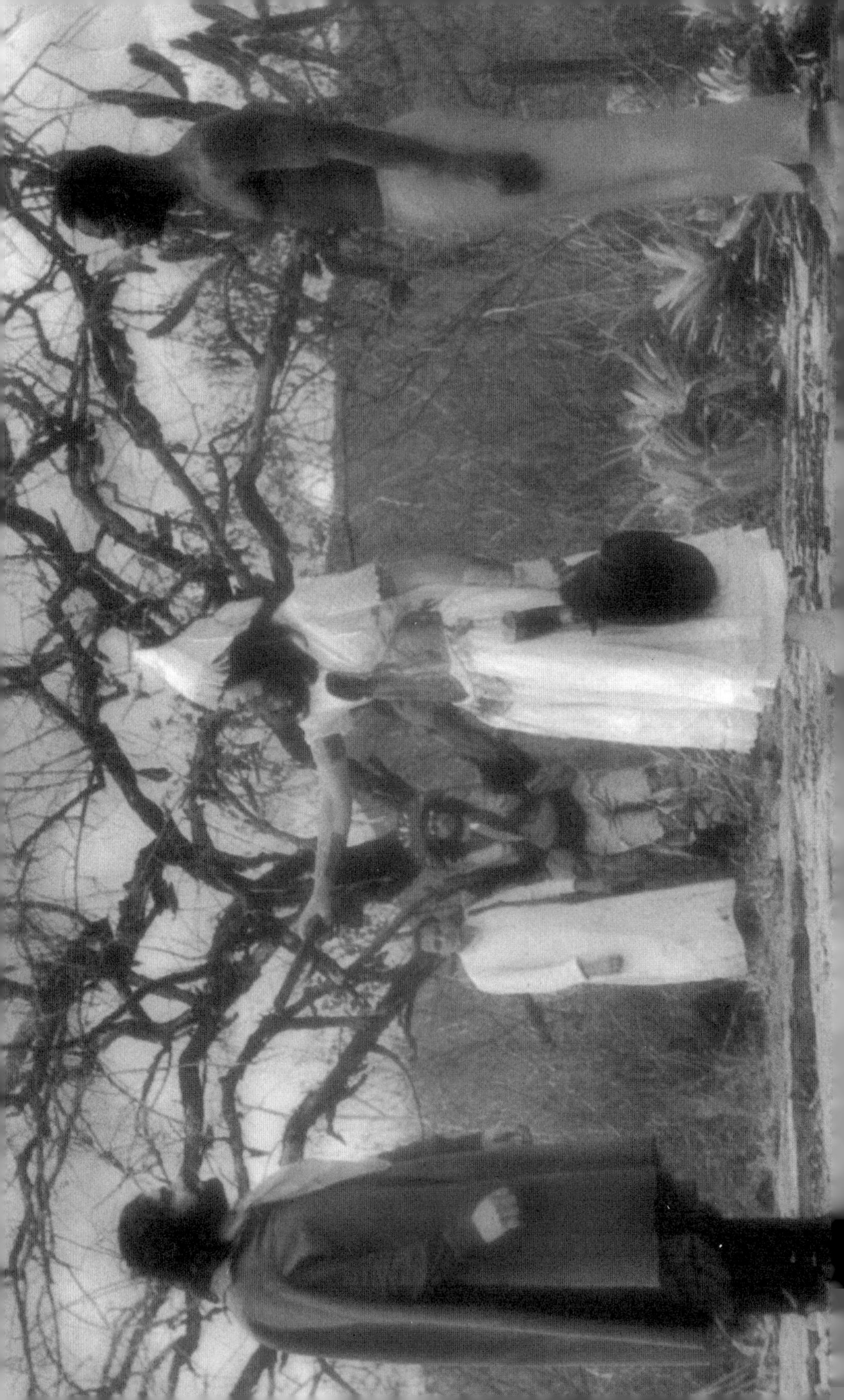

7
MÁRIO GUSMÃO. O SANTO GUERREIRO CONTRA O DRAGÃO DA MALDADE*

Mário Gusmão foi o maior ator negro contemporâneo da Bahia. Participou de dezenas de peças de teatro, fez dezesseis filmes, participou de novelas e seriados na televisão brasileira, além de inúmeros espetáculos de dança, tornando-se, como o disse Clyde Morgan, um arquétipo, um ícone para a população afrobaiana. Sem jamais haver pertencido a uma organização negra, sem qualquer retórica militante, tornou-se um personagem mitificado por todos aqueles que lutam pela igualdade racial na Bahia. Falo de Bahia, porque embora tenha tido oportunidades e até mesmo trabalhado no Sudeste, a sua presença e atuação mais constante foram marcadamente no território baiano.

Acompanhei-o, a distância na maioria das vezes, por quase 30 anos. Conheci-o quando me iniciei no teatro, trabalhando como ator, ainda muito jovem, no Teatro Vila Velha. Tornamo-nos de imediato amigos, exercendo ele sobre mim toda uma atitude paternal, protetora, diante da minha ignorância perante o mundo artístico. Foi até os seus últimos dias para mim um irmão mais velho, amoroso, sábio e sempre tolerante. Portanto, quando em 1994, instado pelo então diretor do Centro de Estudos Afro-Orientais, da Universidade Federal da Bahia, Dr. Júlio Braga, esbocei um projeto intitulado "Memória do Povo Negro", onde pretendia, através do depoimento de membros significativos, recuperar a história da comunidade negra na Bahia, a opção primeira foi fácil: Mário Gusmão.

---
* Artigo publicado originalmente na revista *Afro-Ásia* Salvador, CEAO, 1997.

Após um afastamento nosso por vários anos, foi uma alegria para mim reencontrá-lo para a realização das entrevistas, mas tive um choque: desempregado, vivendo de "bicos", muito deprimido. Nas oito entrevistas, durante os meses de agosto e setembro, conversamos muito, e ele revelava-me que a sua maior agonia era depender do favor. Queria sua aposentadoria, legal e legítima; nem favores nem mais homenagens – já as tinha todas – precisava era de respeito. Morreu sem consegui-lo, no dia 20 de novembro de 1996, data do aniversário da morte de Zumbi dos Palmares.

Nesta homenagem, utilizando basicamente o depoimento de Mário Gusmão, o que busco é uma reflexão sobre a sua especificidade como ator social, vendo o seu ato de lembrar como um processo criador intimamente ligado às condições existentes e às experiências sedimentadas do passado. Mas, procuro também analisar o seu universo cultural, os diversos ângulos de sua trajetória, as relações sociais estabelecidas para o seu caminhar na sociedade. Acredito, sem qualquer determinismo, que serão essas relações que marcarão suas opções, com as lutas, circularidades e metamorfoses que irão constituir a sua identidade específica. Entendo que seria abusivo apresentar sua visão de mundo a partir de um depoimento, inclusive por ser Mário Gusmão um homem incomum. Porém sua fala revela aspectos da sua personalidade e de sua vida, como a participação em momentos cruciais da vida cultural e política de Salvador; sua vivência na infância e juventude em Cachoeira até o encontro com uma Salvador na vanguarda dos movimentos culturais brasileiros na década de 1950; da sua descoberta do teatro até a passagem por um dos momentos mais difíceis e também criativos da vida político-cultural na década de 1970 – esses e tantos outros aspectos estão contidos no seu breve mas significativo depoimento.

A Trajetória de Mário Gusmão

O momento de sua vida que os sociólogos denominam "socialização" será marcado por dois elementos: o contexto de sua infância e juventude em Cachoeira e o peso de sua tradição familiar.[1]

Mário nasceu em 20 de janeiro de 1928, em Cachoeira, uma das mais tradicionais cidades do Recôncavo baiano. Cidade das mais importantes historicamente, encontrou seu apogeu no século XIX, devido à sua condição de intermediária comercial entre Salvador e o sertão. A cana-de-açúcar e o fumo fizeram a sua grandeza, vista nas suas belas casas de moradas, sobradões azulejados, vistosos armazéns, fábricas, depósitos e praças de grande plasticidade arquitetônica. Cidade que tem sua vida pautada no elemento que lhe traria glória e dor, o rio Paraguaçu, que lhe daria a preeminência comercial através da via fluvial e tantos dissabores traria aos moradores devido às constantes enchentes. Cheias que eram uma festa para as crianças, como o foram para o menino Mário Gusmão, e de muito desespero e prejuízo para os adultos que ali viviam.

Com os baixos preços no mercado externo, a suspensão do tráfico de escravos e o aparecimento dos modernos engenhos centrais, a partir da segunda metade do século XIX diminuiu a participação de Cachoeira na produção de açúcar, e começou também a perder sua importância na região. Permaneceu como grande base de sua economia o fumo, a levoura que, no Recôncavo, segundo Costa Pinto, é conhecida como de pobre. Baseada em trabalho familiar, cultivada em paralelo com a cultura de subsistência, em áreas de pequena extensão, teve o fumo sua economia dominada pelo capital comercial.[2] Com a construção da monumental ponte em 1881, ligando Cachoeira a São Félix,

---

[1] Segundo Berger, todo indivíduo passa por um processo de socialização primária e secundária. "*A socialização primária é a primeira socialização que o indivíduo experimenta na infância, e em virtude da qual torna-se membro da sociedade. A socialização secundária é qualquer processo subseqüente que introduz um indivíduo já socializado em novos setores do mundo objetivo de sua sociedade.*" Mais tarde afirma "*que a socialização primária tem em geral para o indivíduo o valor mais importante e que a estrutura básica de toda socialização secundária deve assemelhar-se à socialização primária.*" Peter Berger. *A construção social da realidade*: tratado de sociologia do conhecimento. Petrópolis: Vozes, 1973, p. 175.

[2] L.A. Costa Pinto. *Recôncavo*. Laboratório de uma experiência humana, Rio de Janeiro: Centro Latino-Americano de Pesquisas em Ciências Sociais, 1958. pp. 47-55.

e o avanço da estrada de ferro para o sertão, a cidade, graças ao seu papel de entreposto comercial e do dinamismo da atividade fumageira, manteve uma certa importância no Recôncavo até as primeiras décadas do século XX.

Com a primazia de Feira de Santana, devido ao desenvolvimento do sistema rodoviário, e a crise na atividade fumageira, seja na lavoura ou nas manufaturas, a partir dos fins da década de 1920, Cachoeira começou a entrar em decadência. Decresceram as atividades comerciais e escasseou o emprego para a sua população, sobretudo masculina. Aos homens restava a emigração para as cidades como Salvador e São Paulo, mas notadamente a primeira, ou a permanência em Cachoeira fazendo "bicos", ou a ociosidade, sendo sustentados pelas mulheres. Mário Gusmão não explica, mas provavelmente seu pai foi obrigado a abandonar sua mãe e mudar-se para Salvador. Famílias de mulheres são muitas nessa região, tal como a de nosso protagonista, a ponto de Costa Pinto dizer que o "turnover" matrimonial gerara uma outra instituição, que denomina matriarcado das famílias de classe pobre.[3]

E será a decadência da cidade, com a destruição dos principais postos de trabalho e grande desemprego que explicará a matrifocalidade estrutural, ou seja, *"as mulheres têm a maior parte do controle sobre os recursos familiares e de parentesco, e desempenham um papel fundamental na vida econômica da família."*[4] Portanto, a matrifocalidade estrutural resultaria dos requisitos adaptativos da situação de pobreza. Mas, no caso de Cachoeira, sobretudo para a família de Mário Gusmão, eu ousaria repetir o que Woortmann vislumbrou para a população que estudou em Salvador, isto é, a presença também de uma centralidade cultural das mulheres. E eu diria que além do passado escravo, recorreria para explicar o papel central das mulheres na sua família aos elementos africanos oriundos do mundo religioso, como no caso da Irmandade da Boa Morte, formada ex-

---

[3] Idem, ibidem, p. 57.
[4] Klaas Woortmann. *A família das mulheres*. Rio de Janeiro: Tempo Brasileiro; Brasília: CNPq, 1987, p. 289.

clusivamente por mulheres, entre elas a avó de Gusmão.[5] Portanto, a par da condição derivada da situação econômica, existia uma ideologia que justificava inteiramente a preeminência das mulheres, em especial mães, no grupo familiar e de parentesco de Mário Gusmão. É isso que permite ele dizer que *"esse negócio de uma mulher com filhos de pais diferentes era uma coisa muito natural naquele tempo, com minhas avós já tinha acontecido e muita gente mesmo."* Mais ainda, a ponto de sua mãe possuir autonomia para relacionar-se com dois irmãos.

Mário Gusmão, portanto, foi socializado numa família de mulheres, entre os afagos e benevolências da avó, no meio do povo-de-santo e da Irmandade e com carinho e a constante preocupação materna. Gente que o ensinou os prazeres da casa, do convívio com a solidão, aspectos tão bem conservados em sua personalidade.

Cachoeira, sociedade comercial por excelência, possuía ainda embrionariamente uma ordem econômica de classes, baseada em relações sociais abertas e de mercado, porém, dado a ausência de transformações substanciais no pós-Abolição, o que vingava mesmo era uma ordem tradicional, pautada no status, demarcada especialmente pela "cor" e origem familiar. Nela, imperava mais a "atribuição" que a "aquisição ou desempenho", baseando-se primordialmente nos contatos primários e nas relações pessoais. Daí emanavam os grupos de prestígio, remanescentes da ordem escravista: de um lado, "brancos ou ricos" e, de outro, "pretos ou pobres".[6] Grupos desiguais e distintos, regulados por uma ordem

---

[5] *"Com uma forma aparentemente católica, sigilo e tabu cercam os cultos realizados durante a festa de Nossa Senhora da Boa Morte, As irmãs da Boa Morte são também, e ao mesmo tempo, participantes de algumas das mais tradicionais casas de candomblé que existem em quantidade em Cachoeira e cidades vizinhas."* Acácio S. Almeida Santos e Lucilene Reginaldo. Irmãs da Boa Morte, senhoras do segredo. *Anais do IV Congresso Afro-Brasileiro, Sincretismo Religioso. O ritual afro.* Recife: Fundação Joaquim Nabuco. Editora Massangana, 1996, p.101. As relações entre o candomblé e a Irmandade da Boa Morte são aprofundadas na comunicação de Cacau do Nascimento ao V Congresso Afro-Brasileiro, em Salvador, 1997, denominada *Obá Tedô – Organização social do culto afro em Cachoeira – Bahia* (inédito).

[6] Thales de Azevedo explora com pertinência as características da ordem estamental em *Cultura e situação racial no Brasil.* Rio de Janeiro: Civilização Brasileira, 1966, pp. 30-43.

estamental que os diferenciava em todos os aspectos da vida econômica, política e social, com "cada um no seu lugar." Numa sociedade com tais características, imperava o paternalismo das relações entre o trabalhador e o patrão, pautado na construção de uma ética pessoal e doméstica. O trabalhador, como pessoa física e moral devia ter força física e ser obediente – gratidão, dedicação pessoal, onde o status do empregado "*resultava diretamente de sua posição no mundo paternalista, cujas agências e instituições constituíam, para ele, a esfera global onde sua vida decorria.*"[7]

É exatamente sob o prisma paternalista que se desenvolvem as relações de sua mãe e avó com "as senhoras da sociedade" de Cachoeira. E serão essas relações que permitirão, entre outros aspectos, a presença de Mário em uma escola particular, uma escola de brancos:

"Naquela época existia o relacionamento entre minha família e as famílias brancas, era muito mais assim de trabalho, era boa cozinheira, era bem tratada, quem trabalhava bem davam presentes, essas coisas assim. Acho que foi assim que estudei numa escola de brancos."

Porém, correlato a esse assunto, há de se dizer que Mário foi o "escolhido" pela família – existiam outros irmãos – seja por suas qualidades pessoais e interesse e/ou razões afetivas, para ascender, através da integração no mundo dos brancos.

Evidentemente essa perspectiva familiar, na sociedade cachoeirana, teria grandes implicações na formação do jovem Gusmão: seria o seu primeiro (outros ainda apareceriam), e talvez por toda vida, "dragão da maldade". Mário Gusmão passa a viver em dois mundos, o dos brancos e o dos negros, distintos, muitas vezes contraditórios e mesmo conflitantes.

Vivendo numa família matrifocal, Mário Gusmão aprende no seu contato com o "mundo dos brancos" que a masculinidade era uma noção central no sistema cultural dominante. A ausência da figura paterna, significando autoridade e controle, lhe foi muito cara. Procura no "*vizinho, um senhor alto e bonito*", o

---
[7] Pinto, op. cit., p.121.

substituto que logo desaparece. Como ele próprio diz, quando não encontra o pai tão desejado: *"Fiquei inconsolável, eu era garotinho, garoto, né?"* A ausência do pai nos seus primeiros anos de vida talvez explique, em parte, a futura definição da sua opção sexual. A "masculinidade" tornar-se-ia um componente essencial e conflituoso dos seus papéis na sociedade. O segredo em torno da sua condição sexual tornou-se um elemento sempre presente em sua personalidade, algo que deveria ser mantido, para evitar parecer uma ameaça à sociedade.[8]

Na sociedade colonial, devido à escassez de mão-de-obra tecnicamente apta a exercer determinadas atividades, alguns oficiais mecânicos que aqui aportaram conseguiram ascender econômica e socialmente. Carpinteiros, pedreiros, serralheiros etc., passaram a ser ofícios valorizados pelos escravos ou livres pobres. Tal situação se manteve após a Abolição. Note-se que tal ideologia foi plenamente incorporada pela família de Gusmão, que se orgulhava, ao contrário de seu irmão, de não ter sido empregado. Era o ofício, a arte, o modelo de ensino para as camadas populares e negras baianas. Mas, Mário teria outro padrão, também incentivado pela família: o da escola das elites, o ensino humanístico, a cultura dos letrados. E nela Mário, um preto retinto, ganharia, por sua capacidade de aprendizado, um lugar de aceitação por parte dos adultos: *"ficava ouvindo com atenção a professora e quando ela perguntava eu dizia, eu respondia; aí ela dizia: 'tá vendo, Mário sabe'"*. Com seu inegável potencial intelectual, ali desenvolveu a sua privilegiada capacidade de memorização e apreensão da realidade que o circundava: a importância do vernáculo escorreito, da atenção ao falante, ou seja, o saber ouvir – tão importante a um negro no mundo dos brancos – o gosto pela leitura, enfim, a atribuir grande importância à "cidade das letras". E disso não se afastaria jamais. E serão qualidades que o possibilitarão investir e encontrar um espaço no mundo dos brancos.

---

[8] Tratando de Proust, Gilberto Velho dia que *"o segredo é o pacto da heterossexualidade, que permite a reprodução e a continuidade da sociedade."* Gilberto Velho. Literatura e desvio: Proust e Nelson Rodrigues. In: *Projeto e metamorfose*. Antropologia das sociedades complexas. Rio de Janeiro: Jorge Zahar Editor, 1994, pp. 93-94.

Mário cresce junto aos candomblés, perto da cultura do povo-de-santo, porém, além dela ser afastado por suas ascendentes – *"menino, não ouve nada, não presta atenção"* –, não deixa de refletir sobre o momento histórico do candomblé no seu depoimento: *"também não se falava muito, como hoje, não se fala assim."*. A década de 1930, em Cachoeira, foi marcada pelo fechamento de vários candomblés e pela ativa perseguição policial aos cultos afro-brasileiros.[9] Daí, provavelmente, sua família tão interessada em inseri-lo no mundo dos brancos, procurar afastá-lo da secular religião. Atente-se que Mário Gusmão jamais se incorporou à religião afro-brasileira.[10]

O catolicismo o marcou fortemente, com o catecismo que sabia de "có e salteado", sedimentado na sedução dos bombons distribuídos pelos padres, com a arquitetura e imaginário barrocos que o deixavam extasiado. Mas o garoto, preto e pobre, moleque de rua, conhecedor dos becos da cidade colonial, cresceu imerso também na cultura das classes populares, dos negros de Cachoeira. Ele exemplifica com os "mandus",[11] seu encanto e

---

[9] Cacau do Nascimento, *A capela d'Ajuda já deu o sinal.* Relações de poder e religiosidade. Salvador, CEAO, 1995, pp. 39-40.

[10] No significativo depoimento a mim concedido pelo artista americano Clyde Morgan, ele considerou que muitos problemas de Mário emanaram dele ser ainda um africano e não haver cultivado isto, ou seja, não haver participado de uma sociedade estruturada na fraternidade, como o Candomblé. Mas, embora jamais tenha se iniciado, Mário, a partir da década de 1970 manteve fortes ligações com o candomblé. Vale salientar que no momento do seu enterro no Jardim da Saudade, foram, enquanto o corpo descia para o túmulo, entoados cânticos do candomblé por todos os presentes.

[11] *"O mandu é um personagem representado por uma figura viva amorfa. Faz-se um mandu colocando uma 'arupemba' (peneira confeccionada com fios de palha) sobre a cabeça da pessoa e sobre ele um lençol branco preso no pescoço ou solto. Veste-se ainda na pessoa um paletó branco, em cujas mangas é atravessado um cabo de vassoura, de modo que os braços da pessoa fiquem com os cotovelos sobre o plexo solar (peito), que de alguma forma prejudica-lhe o equilíbrio. Por fim, veste-se uma calça branca de tamanho maior do que o da pessoa. Em alguns terreiros de candomblé de Cachoeira e Governador Mangabeira, de linhagem do candomblé de Menininha do Gantois, em Salvador, cultuam-se anualmente o mandu no fim do ciclo religioso. O conteúdo simbólico dessas figuras terrificantes representadas pelas máscaras, caretas, mandus e outras personagens grotescas na festa, talvez esteja inscrito no mesmo sentido simbólico-ritual da Iá-l'odé, figura representada por uma velha claudicante que, empunhando um bastão e revelando um mau humor, espantava pessoas e perseguia crianças nas antigas festas populares da Bahia."* Cacau Nascimento, op. cit., pp. 49-50.

temor diante desses dramáticos personagens e com ideologia familiar sobre a alimentação, com a preponderância de "comidas fortes".[12] Evidentemente eram práticas culturais, consentâneas com a vivência familiar e de moleque da rua. Porém, Mário iria conhecer o outro lado, a cultura das elites, o "processo civilizador" dos dominantes de Cachoeira. Cultura de contenção de gestos, de reserva, polidez, modos "civilizados":

> *"Então essa professora me levava muito na casa dela, me lembro, quando era menino, ela branca, clara, me levava prá almoçar. A gente almoçava na mesa com os meninos, os filhos dela, eu me lembro que ela dizia: Mário, não é a mesa que vai à cadeira, não, é a cadeira que vai à mesa. Sabe por quê? Porque eu botava a cadeira longe da mesa. Me lembro até que ela me dava um pouco de noção das coisas básicas de etiqueta. Eu não sabia comer não, ela queria que eu comesse bonitinho, ela gostava muito disso."*

Atente-se à valorização da cultura da mesa das classes dominantes, a ponto de dizer que não sabia comer. E tudo isso prontamente estimulado pela avó e pela mãe, por seus parentes mais significativos no grupo familiar.

Mário, na Cachoeira de "muito mais negro do que branco", pelos vínculos familiares com o "mundo dos brancos", conviveu com membros de todas as categorias raciais e nacionais. Porém, não obstante tenha internalizado na infância o mito de democracia racial, a ponto de dizer que *"não foi orientado prá entender essas coisas"*, foi capaz de recordar questões concernentes à sua condição racial e ao racismo imperante na sociedade cachoeirana. Seja na pergunta que lhe é feita por um branco: *"Oh, Mário Gusmão, você não tem vergonha de ser preto não?"*; ou no que dizia sua madrinha branca a sua mãe:

> *"O Mário é tão bonitinho, mas você corte o cabelo dele, escovinha, baixo, e todo dia de manhã, você esquente um ovo, bote na*

---

[12] Sobre a alimentação como categoria cultural nas camadas pobres, ver Alba Zaluar. *A máquina e a revolta*. As organizações populares e o significado da pobreza. São Paulo: Brasiliense, 1985, pp.105-108.

mão dele quente, e pegue o narizinho dele e fique apertando que é para ficar mais afiladinho."

Ao mesmo tempo não foi capaz de esquecer a xenofobia e a intolerância locais – um fenômeno de ordem nacional – diante dos alemães durante a Segunda Grande Guerra.[13] Sensível diante do comportamento irracional que não entendia, diz:

"E quando eles maltratavam esses meninos que eram seus camaradas, eu não entendia porque era inimigo. Não deixavam eles jogar bola, não brincavam com eles, eu também não brincava com eles, mas eu ficava com pena daqueles rapazes. Eles começaram a não sair, eu não entendia nada. Até os frades do convento foram perseguidos, diziam que eles botaram rádio na torre das igrejas, teve até blecaute em Cachoeira. Foi muito triste ver aquilo."

No primeiro tempo de sua vida, Mário Gusmão participa de dois mundos diferenciados, com prioridades distintas, contrastantes, muitas vezes conflitivos, mas por outro lado, pelo caráter tradicional e hierarquizante da sociedade, implicados e complementares. Vale considerar porém que as escalas de valores de sua família e do "mundo dos brancos" não eram antagônicas: ambas eram rígidas e direcionadas para a sua educação. A sua família buscando a sua ascensão e os dominantes visando à "domesticação" do "negrinho inteligente". Mário não indica, no seu depoimento, qualquer independência em relação às perspectivas em que se vê lançado, antes, cambia entre elas e por elas é empurrado, forças e circunstâncias que é incapaz de transformar.

Diante da crise econômica que assolou Cachoeira após a Segunda Grande Guerra, Mário Gusmão foi forçado a mudar-se com a família para Salvador:

"Depois da guerra as fábricas pararam, as pessoas que trabalhavam na Suerdick, na fábrica Danneman ficaram desempregadas,

---

[13] Os alemães tiveram significativa participação econômica e social na vida de Cachoeira desde o século XIX. Sobre o assunto, ver: Albene Mirian Ferreira Menezes. Os alemães, uma presença secular. *Revista da Bahia*, v.31, nº 16, 1990, p. 37.

e essa parada eu só vim a perceber depois, quando a cidade começou a ficar vazia, as pessoas se mudando, indo prá outro local. Foi nesse período que eu vim para Salvador. Eu vim com minha mãe, veio todo mundo pr'aqui."

Mário Gusmão sai de uma cidade de 15 a 20.000 pessoas, que cortava a pé em uma única manhã, para uma grande cidade, com população de mais de 200.000 habitantes. Mas não sente grande impacto na transferência. Primeiro, porque havia nítida identificação cultural entre Cachoeira e Salvador. Como bem exemplifica Antonio Risério:

"É Salvador e sua interlândia: uma região geográfica principalmente costeira que em cerca de dez mil quilômetros quadrados de alcance, exibe um alto grau de homogeneidade cultural e ecológica. Mais exatamente, trata-se da cultura predominantemente litorâneo do recôncavo agrário e mercantil da Bahia, que tem como principal núcleo urbano a tradicional cidade do Salvador da Bahia de Todos os Santos."[14]

Além dessa identificação cultural, Mário conhece na sua chegada a Salvador, na segunda metade da década de 1940, uma cidade ancorada nas tradições, ainda estamental, hierarquizada sócio-racialmente, que segundo Donald Pierson lembrava a Europa da Idade Média.[15] Portanto, do ponto de vista cultural ou social, excetuando as dimensões, Cachoeira e Salvador eram muito parecidas.

E Mário vai se instalar na Saúde, um bairro tradicionalmente ocupado por negros e mestiços, com padrões de sociabilidade semelhantes, ainda em família matricentrada:

"A Saúde era muito parecida com Cachoeira, talvez por isso eu não tomei um choque quando cheguei a Salvador. E essa casa de minha tia era uma coisa interessante, era uma coisa de comuni-

---

[14] Antonio Risério. *Caymmi: uma utopia de lugar*. São Paulo: Perspectiva/Salvador: COPENE, 1993, p. 159.
[15] Donald Pierson. *Brancos e pretos na Bahia*: estudo de contacto racial. São Paulo: Editora Nacional, 1971, p. 97.

dade, quase todo mundo era amigo na rua. Nessa casa que minha tia morava, era uma casa de locação, tinha três andares, e tinha muitos negros que moravam lá há muito tempo. Lembro que tinha uma senhora que se chamava Das Neves, chegava a ser azul de preta. Na rua tinha um grupo grande de negros, mas só que não era como hoje, não existia essa coisa, é um bairro negro, é um bairro de negro. Existiam eram negros que moravam naturalmente, há muito tempo, no bairro."

Mantém para Mário Gusmão adolescente a perspectiva familiar estabelecida desde a infância: torná-lo um negro douto. Ele próprio diz que *"as pessoas davam muito força às pessoas que estudavam, ao negro que estudava"* e que *"meus parentes me incentivavam muito."* Nessa altura seu pai Elói Gusmão, retorna a fazer parte da sua vida, mas Mário morreu antes de poder esclarecer em detalhes como isso se deu, o fato é que seu pai, funcionário da penitenciária Lemos de Brito, progressivamente transforma-se na sua influência mais significativa, prosseguiu na perspectiva do seu grupo familiar de origem: pretendia torná-lo um advogado.

A sua socialização secundária,[16] a sua inserção no mundo do trabalho, guarda, no primeiro decênio que vive em Salvador, completa coerência com a socialização primária. De família pobre, precisando trabalhar, os seus primeiros empregos, seja na penitenciária ou na Vara de Execuções Criminais, seja numa empresa americana (Morrison Kmuds) de serviços de transmissão elétrica, são fruto das relações pessoais do seu pai com o "mundo dos brancos". Na penitenciária, diz Gusmão:

"Ele queria eu perto dele e me queria estudando. Eu ia prá lá, depois o diretor, amigo de meu pai, Dr. Carlos Príncipe de Oliveira, me deu um emprego prá eu poder pagar meus estudos. Eu passei a trabalhar como servente diarista na parte da administração da penitenciária".

---

[16] *"A socialização secundária é a aquisição do conhecimento de funções específicas, funções direta ou indiretamente com raízes na divisão do trabalho."* Berger, op. cit., p.185.

Já na Morrison Kmuds, ele assevera:

"Eles estavam precisando de pessoa que soubesse uma noção de inglês, se podia falar, e eu disse que podia, aí meu pai disse: 'ele pode', então ele arranjou com um amigo dele, que eu não sei quem é esse amigo dele, não me lembro quem era, e eu fiz um teste nesta firma e fui trabalhar."

Neste último emprego, Mário mostra a força da educação rígida familiar e da "domesticação" introjetada pelos grupos dominantes: ficava ao lado dos patrões, muito distante de qualquer identificação de classe. Ele próprio ressalta:

"Mister Rednay era o americano que me chamou prá trabalhar, então eu chegava lá e ele me procurando, cadê ele, Mário Gusmão, Mário Nascimento, Mister Nascimento. Ele fazia uma jogada inteligente, eu ficava conversando em inglês com ele e ele dizia 'fica vigiando tudo aí'. Eu fiquei odiado por um período enorme, porque as pessoas diziam que eu era puxa-saco da firma. Mas não era, eu queria fazer o trabalho como devia ser feito, botar a torre, aí botava e começou a adiantar toda a coisa."

Mário Gusmão até então é englobado pelo – e aparentemente o incorpora – paradigma familiar da ascensão social dos pretos pobres baianos, a escolaridade e os "favores e concessões" dos dominantes da época. Enfim, naquele momento, Mário desempenhava um *"papel já dado tendo como referências paradigmas culturais preexistentes."*[17] Mas, Mário Gusmão não ficaria preso aos grilhões sociais que acorrentaram tantos negros na Bahia: ele iria construir a sua liberdade, o seu projeto.[18] Sem rompimentos com o seu grupo familiar, seu grupo de origem, ele se preparara "comendo pelas bordas". O que disse Risério em relação a Caym-

---

[17] Gilberto Velho. *Individualismo e cultura*: notas para uma antropologia da sociedade contemporânea. Rio de Janeiro: Zahar Editor, 1981, p. 46.
[18] Segundo Gilberto Velho, o ponto de partida para se pensar em projeto é a noção de que os indivíduos escolhem ou podem escolher. *"O projeto, sendo consciente, envolve algum tipo de cálculo, não do tipo* homo economicus, *mas alguma noção, culturalmente situada, de riscos e perdas quer em termos estritamente individuais, quer em termos grupais."* Velho, op. cit., p. 229.

mi se aplica perfeitamente a Mário: *"Nunca foi do seu estilo quixotear, enristar arma, bater na mesa ou esmurrar ponta de faca. Sua estratégia é a do terreiro, não a do quilombo."*[19] No seu depoimento, embora sem rupturas, há indicações da sua definição e capacidade de negociação: em um caso, em relação ao esporte, em outro, no tornar-se um preto doutor.

Desde a década de 1940, o futebol era o esporte mais importante do Brasil, com grande participação dos pobres e negros, além de ser sinônimo de masculinidade a sua prática. Mário passa distante do mesmo, nunca nem tentou aprender. Alto e forte, dotado de um físico realmente excepcional, com esportistas na família, o máximo de concessão que fez foi em relação ao remo, porém, *"como fez calo, aí, sabe de uma coisa, não quero mais não."* Lembra sim, da infância, quando *"corria, sentindo o vento na cara"*, a liberdade que ansiava encontrar, mas termina crescendo e não fazendo esporte, na contramão da vivência dos jovens negros baianos e da expectativa do seu grupo familiar.

Seu pai pretendia torná-lo advogado, mas Mário revela o seu desencanto com a prestigiosa profissão liberal:

"Veja só, meu pai queria que eu fosse advogado, juiz e coisa e tal, porque ele era ligado a um bocado de gente do judiciário. Eu cheguei a trabalhar na Vara de Execuções Criminais, eu via júri, assistia, achava bonito os júris, essa coisa toda. Mas depois, quando terminava o júri, aí aqueles senhores, tanto a defesa quanto a promotoria, vinham e se cumprimentavam com muito orgulho assim, e eu que era inocente dizia; 'oxente, não estavam se xingando, já estão se abraçando'. Então eu comecei a ficar meio assim, acho que não vai dar prá ser advogado não. Eu vou ter que mentir, veja só como eu era puro naquela época, aí peguei e desisti."

Mário, aos 30 anos de idade, circulava por vários mundos, mas encontrou então, para descortinar a sua inteligência e sensibilidade, um caminho muito específico: o teatro. Mantinha a perspectiva, através da "cidade das letras", mas também o do

---

[19] Risério, op. cit., p. 65.

"corpo", da ascensão e integração no mundo dos brancos, mas não dentro dos padrões convencionalmente trilhados pelos negros baianos. Tornar-se-ia um ator, um personagem definido por Duvignaud como

> *"atípico que, para representar as condutas mais universais da experiência, se encontra na situação do bruxo de que fala Marcel Mauss; designado pelo grupo ou pela sociedade em que habita, também respeitado e temido porque detém um poder que lhe conferem forças coletivas que maneja, um maná de que dispõe a seu gosto."*[20]

Mário Gusmão encontraria, nos termos de Gilberto Velho, um vasto campo de possibilidades para a construção do seu projeto individual artístico.[21] Salvador permanecia uma sociedade conservadora e tradicional na década de 1950, mas novos tempos do ponto de vista econômico já eram prenunciados com a descoberta do petróleo e o possível desenvolvimento industrial. É exatamente nesse cenário que surge uma figura exponencial, do Reitor Edgard Santos, que acreditava que a superação do atraso baiano seria possível com uma ação cultural ampla e vigorosa. A Bahia, sob a centralidade da universidade, tornou-se, no dizer de Antônio Risério "avant-garde" no cenário cultural brasileiro. Conseguiu o Reitor reunir um conjunto expressivo de nomes capazes de balançar a mesmice conservadora baiana: Lina Bo Bardi, Koellreutter, Yanka Rudzka, Agostinho da Silva, Martim Gonçalves e tantos outros personagens de relevo.[22]

A Bahia, com seu Museu de Arte Moderna, Seminário de Música, Escola de Teatro, Escola de Dança, Centro de Estudos Afro-Orientais, além de uma ampla rede extra-oficial que ia do cineclubismo à imprensa, moldou uma atmosfera de efervescência cultural ímpar naquele momento, que jamais se repetiria na Bahia.

---

[20] Jean Duvignaud. *El actor.* Sapin: Taurus, 1966, p. 212.
[21] Ver Gilberto Velho. A noção de campos de possibilidades como dimensão sócio-cultural, espaço para a formulação e implementação de projetos. Trajetória individual e campos de possibilidades. In: *Projeto e metamorfose*, op. cit., p. 40.
[22] Ver Antonio Risério. *Avant-garde na Bahia.* São Paulo: Instituto Lina Bo e P. M. Bardi, 1995.

Vale destacar, sobretudo para situar Mário Gusmão, que toda essa movimentação se deu no campo da "cultura superior, bem distante das práticas das camadas populares e negras. Mas Risério não deixa de ressaltar que isso *"não impediu, de modo algum, que gentes e signos do meio universitário, superior, estabelecessem um diálogo direto e profundo com o mundo cultural paralelo da Bahia."*[23] Diálogo teve, mas era cultura entendida como superior, não existem dúvidas e, majoritariamente, senão exclusivamente, no domínio dos brancos. Revolucionários, mas brancos.

A cidade, de produção teatral amadora e sem casas de espetáculo, teria na universidade, através da Escola de Teatro, a primeira do Brasil, capitaneada pelo seu criador e diretor Eros Martim Gonçalves, o lufar de uma real cultura teatral.[24]

Mário Gusmão, ainda trabalhando na Penitenciária, conheceu Mário Lobão e Carlos Petrovich, iniciando-se no teatro amador. Como ele próprio diz: *"Descobri o que eu realmente queria fazer."* Provavelmente induzido por seus novos amigos, foi parar no recém-criado curso da Escola de Teatro, o primeiro de nível superior do país.

> *"Quando eu cheguei as inscrições estavam encerradas, mas abriram uma exceção para mim. Foi assim que eu passei bem nos testes, aí é que fui perceber que eu era o primeiro negro da Escola de Teatro. Depois dai que veio Antônio Pitanga."*

Ali ele reconhece que aprendeu muito, com nomes como o próprio Martim Gonçalves, Gianni Rato, Luciana Patruccelli, Othon Bastos, Nilda Spencer, João Augusto e tantos outros professores da Escola. Estreou com a peça "A Almanjarra", de Artur Azevedo. E em 1960, sob a direção de Martim Gonçalves, em "A ópera dos três tostões", já ganhava o prêmio de destaque espe-

---

[23] Idem, idibem, p.104.
[24] *"Além do reconhecimento local e nacional, as produções teatrais da UFBa (na década de 50 e início dos 60) obtinham repercussão internacional: referências em periódicos nos EUA, Itália, Espanha, França etc."* Paulo Dourado. As várias casas de Eros. *A Tarde Cultural*, Salvador, 31 de agosto de 1996, p. 2.

cial do teatro baiano.²⁵ Mário Gusmão estava no mundo que desejava e o seu talento já começava a ser reconhecido.

Acrescentava ao seu currículo a função de professor de Inglês, língua que aprendera como autodidata, excepcional qualificação para um negro na Bahia dos anos 1950.

Enquanto começava a aparecer como ator, um episódio de grande importância para a história do teatro baiano se desenvolvia: um grupo de dissidentes de Martim Gonçalves na Escola de Teatro criava do Grupo dos Novos.²⁶

Mário Gusmão retrata a sua posição no episódio:

"Eu achava Martim Gonçalves um bom diretor, mas eu acho que tinha uma política que não agradava a todos. Mas eu nunca me envolvi nisso. Lembro que uma vez fizeram uma lista prá tirar ele da Escola de Teatro, mas eu disse 'não vou assinar, porque eu vim para a Escola pra estudar, quando eu me formar se eu quiser eu saio da Escola.' Eu sabia que era uma briga dos grupos internos e eu, novo, não devia me meter. Quando até hoje me perguntam qual é o motivo da briga, eles não entendem quando eu digo que não sei: em verdade, eu não quis saber, eu não quis me envolver."

Faltou apenas na fala de Mário Gusmão uma frase axiomática em torno da situação racial vigente: *"em briga de branco, preto não se mete."*

Martim Gonçalves revolucionara o teatro baiano, e simultaneamente acumulara um sem-número de desafetos, entre eles lideranças do movimento estudantil e empresarial de Salvador. Em 1961, já era afastado da Escola de Teatro.²⁷

---

²⁵ A montagem da peça do autor alemão tornou-se um escândalo nacional, sendo o início da temporada de caça ao diretor Martim Gonçalves. Sobre o assunto, ver: Aninha Franco. *O teatro da Bahia através da imprensa - Século XX*. Salvador: FCJA; COFIC; FCEBA, 1994, pp.143-145.

²⁶ *"Criado nos últimos meses de 1959 por Échio Reis, Othon Bastos, Carlos Petrovich, Carmen Bittencourt, Maria Francisca, Sonia Robato e João Augusto, o Teatro dos Novos abriu a temporada teatral de 1960 com o Auto do Nascimento (João Augusto) na Igreja das Mercês."* Franco, idem, ibid., p.143.

²⁷ Sobre os episódios que culminaram na saída de Martim Gonçalves da Escola de Teatro, ver: Franco, idem, ibidem. As visões contrastantes em torno da presença de Mar-

Após concluir o seu curso de Formação do Ator, na Escola de Teatro, de nível universitário, Mário foi convidado e integrou-se ao Teatro dos Novos. No grupo, ele estreitaria relações com aquele que seria um dos seus maiores amigos e orientadores: o diretor teatral João Augusto.[28] Por sua vez, o Teatro do Grupo dos Novos seria inaugurado em 1964, ano da instalação da ditadura militar no país.[29] Ali neste mesmo ano, com o show "Nós por Exemplo", dariam início às suas carreiras aqueles que posteriormente viriam mudar os rumos da música brasileira: Caetano Veloso, Gilberto Gil, Maria Bethânia, Gal Costa e Tom Zé, entre outros.

Com o grupo dos Novos, embora sendo uma dissidência, teria continuidade o trabalho de transformação do panorama teatral baiano iniciado por Martim Gonçalves na Escola de Teatro. Segundo Mário Gusmão, "no Teatro dos Novos preponderavam os autores nacionais e a busca de uma dramaturgia popular e regional. Mas eu acho que a Escola e o Vila se complementavam. Foi lá que pela primeira vez se deu seriedade ao cordel, ao candomblé, aos orixás: na época tudo isso era revolucionário."

Após o golpe militar, progressivamente, setores da sociedade civil organizaram-se para reagir à ditadura instaurada no país. Recrudesce então o caráter repressivo do regime autoritário, culminando na decretação do Ato Institucional nº 5, que cerceava as liberdades civis e políticas no país. Exatamente neste momento a produção cultural internacional e a brasileira, em particular, viviam um período extremamente criativo, sobretudo com o Tropicalismo e o Cinema Novo. O aparecimento da luta armada seria o pretexto para o acirramento da repressão e do controle de todos os meios de informação e comunicação. Ampliou-se de forma brutal o controle sobre a

---

tim Gonçalves na Escola de Teatro podem ser vistas no artigo de Glauber Rocha, Tope a parada Mr. Francis. In: Risério, op. cit., pp. 138-139 e Gianni Ratto. *A mochila do mascate*. São Paulo: Hucitec, 1996, pp. 138-139.

[28] Carioca de nascimento, crítico teatral, dramaturgo, João Augusto se tornaria um dos principais diretores do teatro baiano.

[29] "*Em julho de 1964, os Novos inauguraram o Vila Velha com a exposição de cenários, figurinos e programas do grupo e de fotografias de Silvio Robatto sobre a construção do prédio. Em 31 de julho, reuniram artistas. intelectuais, amigos e políticos*

produção científica e artística, buscando o regime asfixiá-las através da censura.

O Vila Velha tornou-se não apenas protagonista maior de uma produção artística identificada com as mudanças que se processavam em níveis internacional e nacional, mas também aparecia como espaço de liberdade, capaz de aglutinar as várias tendências dissidentes ao regime autoritário implantado no Brasil, Mário Gusmão diz bem o que era o Vila Velha daquela época:

> *"O Vila era naquele tempo de repressão um pouco a nossa casa de sonho. Ali nos sentíamos protegidos das coisas do mundo. Era um lugar que eu dizia que era hermeticamente aberto: uma fortaleza para todos que pensavam em liberdade. Quando eu entrava ali me esquecia do mundo: passava tardes, entrava noites, madrugadas, ensaiando, ouvindo palestras, conversando, conspirando. Era muito rico. Todo mundo se encontrava. Políticos iam assistir ao trabalho dos artistas. Era uma união e era essa união, esse tempero gostoso baiano, que fazia a arte daquela época."*

Mário Gusmão cada vez mais afirmava o seu nome no cenário teatral baiano, sendo em 1966 escolhido como o melhor ator pelo conjunto de interpretações. Era ele, juntamente com Othon Bastos, um dos atores mais requisitados, tanto que entre 1964 e 1969 participou de 18 peças de teatro no Vila Velha.

> *"Eu não sei se porque era o único ator negro ou porque eu tinha um 'raport', uma relação grande com o público, em quase todos os espetáculos do Vila eu estava, eu e Othon Bastos, nós dois."*

Mário, que já tinha sido um malvado cangaceiro no filme de Oscar Santana, "O Caipora", em 1963, foi reconhecido internacionalmente por sua participação no "Dragão da Maldade contra o Santo Guerreiro", de Glauber Rocha, em 1969, filme premiado em Cannes. Nele, representando o Santo Guerreiro, matava um branco, o ator Jofre Soares, que representava o Dragão da Malda-

---

num coquetel, onde discursou o ex-Governador Juracy Magalhães, responsável pela cessão do terreno à Sociedade." Franco, op. cit., p.141.

de. Mário, ator negro, tinha o seu talento reconhecido pela sociedade, pelo mundo dos brancos. Ele atingira o ápice:

> "Naquela época, chegaram a me propor eu me candidatar a vereador, a deputado, mas eu nunca quis. Eu era conhecido, tinha muitos alunos, era bastante conhecido pelo Teatro e pelo Cinema, mas não era a minha."

A primeira grande derrota de Mário Gusmão não tardaria. Naquele momento, setores ligados aos partidos clandestinos e ao movimento estudantil se vincularam à luta armada, passando a atuar sobretudo em áreas urbanas, mas essa não seria a única forma de resistência ao "status quo". Vastos segmentos da juventude, naquele período de repressão, construíram a sua identidade através da transgressão dos costumes. O questionamento social advinha da revolução cultural, englobada pelos hippies e as formas rebeldes da indumentária e do corpo, na defesa do comunitarismo, na luta contra os preconceitos e o racismo, defesa do meio ambiente, a reação ao utilitarismo, além, de forma expressa, pelo uso de drogas. Artes, contestação cultural e rebelião dos costumes andavam de mãos dadas. Os artistas, pelo "perigo" que poderiam representar para a juventude, eram duramente perseguidos pelo regime militar.

A Bahia, com grande participação dos seus segmentos culturais, evidentemente teve um papel significativo nesse movimento, sobretudo pela influência que exerciam Caetano Veloso, Gilberto Gil e, na sua esteira os Novos Baianos e tantos outros importantes artistas. Era um tempo marcado pela arte revolucionária e muita droga."[30]

Mário Gusmão integra-se de corpo e alma nas duas perspectivas. Progressivamente, devido ao sucesso e à necessidade de fugir do controle de João Augusto ("ele era muito possessivo"), Mário começou a se afastar do Vila Velha. Já não era um ator do Teatro dos Novos, a fama, com sucessivos convites, o levava a vários cantos do país. Em 1972, participou do filme que lhe valeria uma alcunha: "O Anjo Negro", de Luiz Humberto.

---

[30] Um retrato expressivo deste momento pode ser encontrado em Luiz Galvão. *Anos 70*. Novos e baianos. São Paulo: Editora 34, 1997 e Caetano Veloso. *Verdade tropical*. São Paulo: Companhia das Letras, 1997, pp. 463-484.

A sua narrativa diz o que era a sua vida naquela época:

"Eu fui a São Paulo fazer um filme e quando voltei estava sem casa. Umas pessoas me chamaram pra eu ir para a Boca do Rio e eu fui. De certa forma foi muito bom, haviam umas pessoas legais. O lugar era lindo, eu ficava tardes só olhando o mar, era legal. Era uma época psicodélica, gostosa e o lugar era muito especial. Fazíamos muitas festas, era uma coisa meio tribal, com aquelas turmas muito loucas. Os encontros eram verdadeiros rituais, com fumo, LSD, tanta coisa que havia naquela época. Na repressão toda que havia era o jeito de protestar e com alegria."

Seria exatamente na sua casa, em 1973, no então paradisíaco bairro da Boca do Rio, na orla marítima de Salvador, que ocorreria o que ele denominou de "desastre". *"Havia muita gente em minha casa e tinha uma pessoa, eu não sabia, que deixava lá um monte de ácido. Foi isso que provocou a minha prisão."* Em verdadeira operação de guerra, a casa de um amigo onde estava, na Avenida Paralela, foi cercada de madrugada pela polícia. Mário Gusmão passou 50 dias na prisão. Humilhado, doente, sentia o peso da desaprovação social:

"Uma parte da Bahia me abraçou e outra me abandonou. Numa semana a imprensa dizia 'Anjo Negro na prisão', já na outra aparecia 'Anjo Negro com a maior quantidade de LSD do Brasil.'"[31]

Embora em seu depoimento tentasse romantizar a sua vida no cárcere, não deixa de salientar que muitos dos seus amigos tinham desaparecido.[32] Estigmatizado e introjetando o estigma, ele *"sentia uma coisa diferente."* Ele achava que os amigos

---

[31] Sobre sua prisão, em bela crônica na imprensa, Jehová de Carvalho: *"Há pouco, os mesmos jornais que marcam, sadicamente, seu passado de lutas e devotamentos à cultura de sua terra e seu futuro, prejudicando-o nos limites de um apelido com que o deboche da linguagem policial distingue os fora-da-lei, apresentavam-no como 'Mário Gusmão, o Anjo Negro', intérprete de um papel revolucionário no cinema nacional."* Jehová de Carvalho. O anjo é negro, mas não merece o inferno. In: *Crônicas noturnas de São Salvador da Bahia.* Salvador: Fundação Cultural do Estado da Bahia, 1994, p.119.
[32] Mas não deixa de ressaltar os amigos que o apoiaram, entre eles Maria Auxiliadora Minahim (advogada) e Vivaldo da Costa Lima (antropólogo).

"*estavam assustados, tinham medo provavelmente da repressão. Você sabe, esse negócio de contágio. Até a própria esquerda não tinha coragem de me abraçar e perguntar como as coisas estavam. Havia o respeito pelo nome Mário Gusmão, mas o medo era mais forte. Eu estava só.*"

O "santo guerreiro", ferido, acuado, como jamais estivera em sua vida, buscou a reclusão, afastando-se de todos e de tudo que havia construído. No regime de exceção implantado no Brasil, no universo sem lei da ditadura, um dos mecanismos de repressão era a disseminação do preconceito, tornando os inimigos ou transgressores do sistema, inimigos da Nação.[33] Em pânico, povoado de espectros e fantasmas, Mário recorre à marginalização da vida coletiva.

Em 1971, chegou à Bahia um dançarino norte-americano, negro, Clyde Morgan, que assistindo a um espetáculo de Mário no Teatro Vila Velha, viria a tornar-se seu amigo. Relata Clyde Morgan:

"*O primeiro trabalho que eu presenciei foi em 1971 no Vila Velha, trabalho patrocinado e produzido por Roberto Santana que se chamava Udi Grudi. Era um trabalho de dança moderna, com componentes contemporâneos. Fiquei impressionado porque Mário era o primeiro negro brasileiro que eu via com o conhecimento de teatro e dança moderna.*"[34]

Seria exatamente com o apoio de Clyde Morgan, em meados da década de 1970 (1975 ou 1976, diz Clyde), que Mário Gusmão retornaria aos palcos.[35] A ruptura, determinada pela prisão, e o encontro com Clyde Morgan, o faria descobrir a sua condição racial, com a respectiva busca de suas raízes. Mário

---

[33] Sobre os efeitos sócio-psicológicos da repressão, ver: Alfredo Naffah Neto, *Poder, vida e morte na situação de tortura. Esboço de uma fenomenologia do terror.* São Paulo: Hucitec, 1985, pp. 20-28.

[34] O dançarino americano, quando conheceu Mário Gusmão, já estava preocupado com as questões concernentes ao negro na sociedade e com a retradução artística de nossa herança africana. Tornar-se-ia professor da Escola de Dança da UFBa por 10 anos, e com grande atuação na vida artística de Salvador.

[35] Uma figura indispensável para o retorno de Gusmão à cena artística foi o Diretor do Instituto Cultural Brasil-Alemanha, Roland Schaffner.

sofreu um processo de alternação, consoante Peter Berger, transformando radicalmente a sua realidade subjetiva.³⁶ Clyde foi um dos guias que o conduziram ao encontro dessa nova realidade:

> *"comecei a fazer um trabalho voltado para a cultura negra, afro. O trabalho com Clyde me fez encontrar a África. Naquele momento eu descobri que era um ator negro."*

Clyde não apenas lhe oferecia a técnica para o seu desenvolvimento como dançarino, mas também, o introduzia na riqueza da cultura africana e afro-brasileira. É verdade que todo o processo de alternação exige uma base social que serve de "laboratório" para a transformação. Mário a tinha: na década de 1970 sedimentava-se o processo de descolonização africana, disseminava-se a postura dos negros norte-americanos na esteira da luta pelos direitos civis e, por sua vez, tinha início a retomada da movimentação política e cultural dos negros brasileiros, inclusive com a criação do Movimento Negro Unificado contra a Discriminação Racial, bem como surgia o bloco cultural Ilê Aiyê, em Salvador.

Mário, com Clyde Morgan, descobre a força da cultura afrobrasileira, representando personagens que tinham a ver com a história do seu povo, em inúmeros espetáculos, em especial no pequeno teatro do Instituto Cultural Brasil-Alemanha – ICBA.

Em 1977 compõe a delegação que foi à África representar o Brasil no Festival de Arte Negra, na Nigéria. Ali, Mário, segundo Clyde Morgan, foi *"bombardeado pela beleza, pela cultura, pela arte, aprendendo sobre negritude."* Clyde ressalta:

> *"eu acho que o que ele percebeu na África foi que ele sendo exótico na Bahia, não era tão exótico quando a gente encontrou negros dos extremos em todos os sentidos. Eu acho que essa foi a chamada de toda a negritude do mundo inteiro, então o que ele percebeu e outros brasileiros também perceberam é que o mundo negro da Bahia era muito pequeno e muito conservador."*

---

³⁶ A alternação indica um processo de re-socialização. Sobre o assunto, ver: Berger, op. cit., pp. 208-209.

O próprio Mário diz: "*Eu gostei tanto que não queria voltar mais. Eu me senti em casa e achava que devia descobrir ao máximo as minhas raízes.*"

Em 1978 Clyde Morgan retornou aos Estados Unidos e Mário ficou sem o que "guia". Estava então com 50 anos, morando em uma casinha no Pero Vaz, sem maior participação na vida artística baiana. Pela distância da moradia, já não conseguia alunos para dar aulas de inglês e, como ele próprio diz, "*tudo ficou mais difícil. Lá eu ficava muito isolado, eu tinha vontade de encontrar as pessoas, mas como?*"

Desempregado, desaba sua situação financeira:

"*Naquela época, Jorge Amado soube que eu estava passando dificuldades, ele aí, junto com Calasans,[37] fez uma carta para o prefeito de Ilhéus, Antônio Olímpio.*"

Em março de 1981 foi contratado como professor pela prefeitura de Ilhéus, no sul da Bahia, para desenvolver atividades culturais nos colégios, ali formando grupos de teatro, de dança e corais. Em 1983 foi contratado pela prefeitura de Itabuna para continuar o trabalho iniciado na cidade vizinha, e avança formando grupos culturais, identificados com a presença afro-brasileira. Segundo Mário, ele descobriu nesses anos o negro que havia na região cacaueira.

Durante o período em que esteve na região cacaueira, não participou de nenhuma atividade em Salvador, mas permanecia reconhecido em nível nacional, fazendo cinema (como Jubiabá, de Nelson Pereira dos Santos, 1985) e televisão (como "Tenda dos Milagres", TV Globo, 1985 ou "Dona Beija", Rede Manchete, 1985-86).

Retorna a Salvador em 1987, convidado pelo presidente da Fundação Gregório de Mattos (órgão de cultura da Prefeitura Municipal de Salvador), o cantor Gilberto Gil, e pelo coordenador do carnaval, Waly Salomão. Ali permaneceu como assessor de 1987 a 1989. Mas relata entristecido:

---

[37] Calasans Neto, famoso gravador baiano.

"eu pensava em um ressurgimento, meu e das artes de Salvador. Mas quando eu voltei não aparecia nada pra eu fazer em teatro. Não sei se era discriminação ou se a turma mais jovem já me achava velho."

Aninha Franco, em seu amplo trabalho sobre o teatro baiano, explica que, excetuando os sucessos de público de "A bofetada" e o "Recital da Novíssima Poesia Baiana", a década de 1980, devido a desastrosa política cultural do estado, seria marcada pela decadência das artes cênicas na Bahia.[38] Mas essa poderia não ser a única explicação para o afastamento de Mário: refletia também uma lei específica da mudança do campo de produção (artística), que destina os artistas que marcaram época a cair no passado, a serem lançados fora da história ou a "passar para a história". Esse era o caso de Mário; os recém-chegados o empurravam continuamente para o passado.

Adicione-se que, com a saúde abalada, empobrecido, morando distante dos teatros, poderia Mário voltar a enfrentar as duras noites de ensaios dos espetáculos teatrais?

Mário Gusmão não mais faria peças teatrais em Salvador, teria sim participação variada no cinema, na televisão, com pequenos monólogos ou como apresentador de cerimônias artísticas e culturais. Recebeu, até o fim dos seus dias, homenagens dos mais variados setores e, em especial, da comunidade negra que tanto o honrou. Nos últimos anos, com problemas de saúde e com sérias dificuldades financeiras, jamais atribuiu a sua situação a quem quer que fosse, queria era a sua aposentadoria, queria o que achava que merecia, queria justiça.

Conclusões

As lembranças de Mário Gusmão provocam o encontro com o passado, revelando atitudes e sentimentos que permitem a reconstrução de parte de sua identidade. Apresentam aspectos de sua memória, que não só se transformam ao longo do tempo,

---
[38] Franco, op. cit., p. 377.

como também transformam o presente, na medida em que reinterpretam o passado. Mas o seu depoimento é feito também de grandes silêncios e concentração em determinados momentos de sua vida (infância e juventude) que pressupõem não o esquecimento mas uma reflexão sobre a oportunidade e utilidade de falar sobre o seu passado. Se, por um lado, nele se esboça um retrato da trajetória de luta de um negro excepcional para se afirmar e integrar numa sociedade marcadamente racista, por outro a sua fala não se manifesta como um contradiscurso não-hegemônico.

A sua inserção na sociedade e cultura dos brancos faz com que seu discurso reproduza os valores e a história dos dominantes, valores que representam uma história de violência e exclusão contra si próprio. O seu relato revela as mutações no processo de construção de sua identidade individual, mas não só: é também a leitura, rica e envolvente, da trajetória de um negro singular, nos movimentos mais amplos da sociedade brasileira.

Nos primeiros tempos de sua vida, na infância e juventude, Mário Gusmão foi criado numa "família de mulheres", onde os homens – sobretudo a figura paterna, sempre desejada – eram personagens eventuais e transitórios. Família que o escolheu, não apenas para os mimos e afagos, por sua inteligência e vivacidade, para desenvolver um projeto de ascensão social. Isso o permitiu vivenciar o perfil semi-escravocrata do Recôncavo baiano, com seus distanciamentos, intimidades e complementaridades entre os grupos sócio-raciais. Relações que, numa sociedade tradicional e hierarquizada, tornou-se dominante e delineador do seu mapa de orientação social, dos seus atos e sentimentos.

Inicialmente, na sua mudança para a "cidade da Bahia", embora sendo uma realidade com outras dimensões físicas e demográficas, não vislumbrou grandes alterações em sua trajetória. A marca desse período será o encontro com o pai tão ansiado, que dentro dos padrões tradicionalmente consagrados, reiterou a perspectiva familial de ascensão social. Mas Mário precisava de liberdade e assim construiu a sua alternativa individualizadora, o seu projeto específico, tornando-se um ator. E isso foi possível pela emergência de um amplo e moderno movimento cultural em Salvador. Rompendo os padrões de ocupações convencionalmente estabelecidos para os homens de cor preta, inclusive os ascendentes, tornou-se no campo artístico um ator de grande sucesso, reconhecido nacionalmente. Sob sua ótica, vencera por seu talento e beleza no mundo dos brancos.

A máscara ideológica da brancura que enclausurava Mário tornava invisível o seu ser negro. Porém, um novo momento estava em andamento, representando o seu grande momento de passagem e metamorfose. Já famoso, com grande prestígio, no início da década de 1970, foi protagonista da contracultura na Bahia. Envolveu-se com drogas e foi preso, tornando-se moralmente "nocivo", uma ameaça ao "status quo", ao regime político de exceção. Já não era o ator, mas um preto viciado e traficante. Torna-se invisível como sujeito e visível apenas como estereótipo. A rede que veicula o preconceito congela o signo negro como sinônimo e paradigma do mal. Sentindo-se abandonado pelo mundo que pensara haver conquistado, entrou em pânico e enclausurou-se.

Incentivado por um grande artista negro norte-americano, descobriu a sua identidade racial e a força da cultura dos seus ancestrais, já não seria um preto que fazia arte, era um ator negro. Reconhecendo-se racial e etnicamente, descobre uma alteridade até então pulverizada pelo mito da democracia racial e a ideologia do branqueamento. Todo seu trabalho, a partir de então, representou um trajeto de auto-afirmação individual e coletivo, uma travessia psicológica e moral da construção de sua negritude.

A partir daí, na Bahia ainda conservadora no que tange à questão racial, e por sua visão romântica da arte, teve os espaços fechados até mesmo para sua sobrevivência. Ajudado por amigos ilustres foi compelido a exilar-se no sul do Estado da Bahia. Retornou a Salvador crente ainda no seu ressurgimento, mas logo viria o seu desencanto. Porém, já havia inscrito o seu nome no universo cultural do povo negro e jamais seria esquecido. Morreu no dia 20 de novembro de 1996, aniversário da morte do herói Zumbi dos Palmares e, em 1997, na mesma data, todos os militantes saíram às ruas de Salvador com a sua face impressa nas camisetas. Mário Gusmão continua vivo na memória do povo negro baiano.

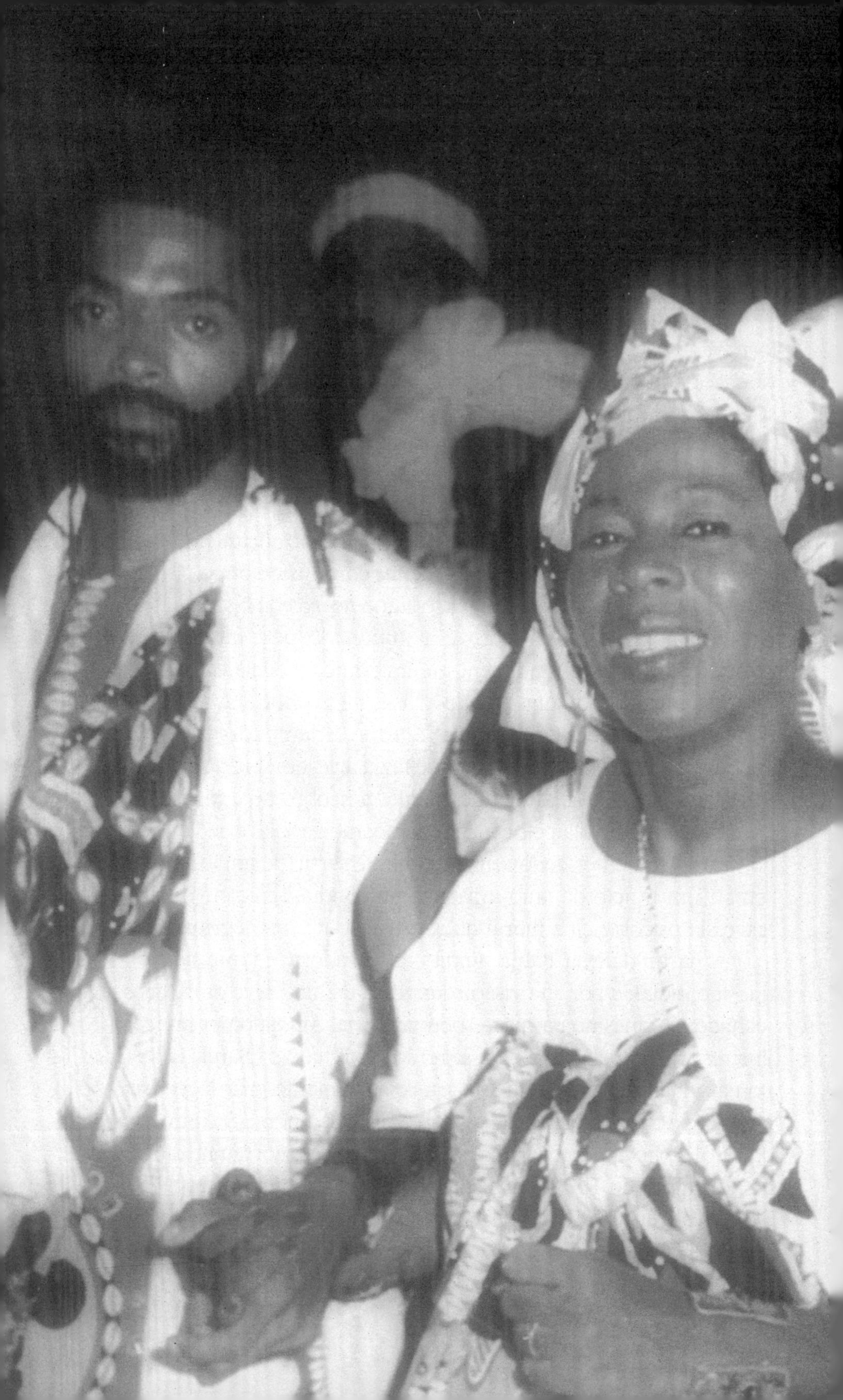

8
MODERNIZAÇÃO E A CULTURA DOS NEGROS EM SALVADOR*

A presença do negro na sociedade brasileira é marcada pela extrema privação das formas elementares de existência para grandes contingentes, desigualdade no mundo do trabalho e no consumo, bem como pela presença constante do preconceito e discriminação raciais. Porém, conforme iremos enfatizar, enfocando a cidade do Salvador, esses processos gerais são matizados por nuances e diferenças regionais, denotadoras do negro como portador de várias histórias na sociedade brasileira.

Salvador, capital do Estado da Bahia, primeira das grandes cidades brasileiras, se localiza no ponto central da costa brasileira, possuindo hoje mais de 2 milhões de almas. Símbolo da "baianidade" nas suas versejadas 365 igrejas do barroco glorioso, dos candomblés e festas populares, protótipo da democracia racial e cultural "à brasileira". É, portanto, sobre ela que mostrarei o perfil da trajetória dos negros diante dos processos globais que regem a economia e mundializam a cultura.

I – Salvador e a Modernização

A partir da década de 1950 e sobremodo nos anos 1970, assistimos a uma completa transformação da nossa sociedade. A Bahia, naqueles momentos se compatibilizava com a estratégia de consolidação do fordismo nos países centrais e de inter-

---

* Publicado originalmente nas Atas do Simpósio Internacional de Monte Veritá (Ascona-Suiça). Culturas Marginalizadas e Processos de Modernização na América Latina, em 1995.

nacionalização do capitalismo, via modernização desenvolvimentista. A nova industrialização, com modernas empresas instaladas no Complexo Petroquímico de Camaçari, com grande concentração de capital e voltadas para a produção de bens intermediários, tornavam-na o pólo dinâmico da economia regional.

Os modos alternativos de produção eram inteiramente suplantados pela nova industrialização e serviços modernos, porém, os mesmos persistiam e se recriavam como um expediente de sobrevivência cada vez mais utilizado por amplas faixas da população. O pequeno comércio ambulante, o artesanato urbano, a fabriqueta e o "bico"[1] eram estratégias contumazes da população menos qualificada e empobrecida. Processou-se, por sua vez, a alteração do traçado urbanístico, com significativa expansão da cidade, com os novos bairros ricos e sofisticados e a periferização avassaladora, sem os mínimos requisitos em termos de serviços e habitabilidade para os contingentes pobres.

Enfim, o fordismo como regime de trabalho e de consumo alcançou a Bahia. No entanto, jamais se generalizou, restringindo-se aos bolsões modernos que se expandiam, de alguma forma vinculados às grandes empresas, estatais e privadas, nacionais e multinacionais. As oportunidades vislumbradas pela modernização, isto é, pelo crescimento industrial, a urbanização, o florescimento da indústria cultural, da sociedade de consumo, sinalizavam que o país "caminhava para a frente" produzindo riquezas que, entretanto, jamais acabariam atingindo o conjunto da população. O irônico é que esse processo de crescimento na Bahia, concentrador de renda e capital manteve-se mesmo na década de 1980 – a década perdida brasileira – devido a forte relação da produção baiana com o mercado internacional.[2]

---

[1] "Bicos" são arranjos ocupacionais provisórios, alternativas momentâneas de rendimento e sobrevivência.
[2] Bairros, Luiza; Barreto, Vanda Sá e Castro, Nadya. *Negros e brancos num mercado de trabalho em mudança*. Salvador: UFBA/CRH, Doc. Nº 4 – junho, 1992.

A estrutura social reforçava a desigualdade, mas era também, de forma parcimoniosa, generosa com a mobilidade; propiciando inclusive a membros de origem social mais pobre, via educação ou ocupação no setor moderno da economia, a subida na escala social.

II – Os Negros e o Primeiro Momento da Modernização

Salvador, de uma sociedade de status passou a estruturar-se em classes, com uma burguesia local identificada com interesses nacionais e internacionais; as novas classes médias e a nova classe operária, com grande contingente negro, vinculada ao pólo dinâmico da economia, ambas relacionadas com a perspectiva da ascensão social e econômica; e as classes trabalhadoras urbanas, não incorporadas ao pólo afluente da economia, nutridas por um sentimento e prática de pertencimento a um grupo de co-habitantes de uma região social.[3]

A burguesia local era formada por brancos e mestiços claros; brancos e mestiços de forma majoritária, apareciam nas classes médias e no novo operariado, com os pretos ocupando em geral os postos menos valorizados e, por sua vez, mestiços e pretos eram maioria entre os trabalhadores urbanos.[4]

De forma objetiva, alterou-se a formulação tradicional sobre as relações raciais. Os indivíduos passaram a ser categorizados de acordo com as suas posições face às relações de produção e participação no consumo, bem como pela posição histórica dos diversos grupos a que pertenciam no contexto da sociedade baiana. Especificamente, para os grupos dominantes e as categorias sociais ascendentes, o ser negro permanecia vinculado às posições mais baixas da sociedade e, por sua vez, identificado negativamente pelas imagens, estereótipos, expressões. Porém, antes que contraditoriamente, de forma articulada e legitimadora era reforçado o mito da de-

---

[3] Duarte, Luis Fernando D. *Da vida nervosa nas classes trabalhadoras urbanas*. Rio de Janeiro/Brasília: Jorge Zahar/CNPq, 1986, pp.132-133.
[4] Guimarães, Antonio Sergio Alfredo. Les classes e leurs couleurs á Bahia. *Cahiers d'Etudes Africaines*, 125, XXXII - 1, 1992.

mocracia racial. A sua manutenção tinha como base um antigo fator, dotado de uma nova função, ou seja, a expressividade numérica da população negra. Desde os finais do século XIX até os dias de hoje os pretos e mestiços representam em torno de 80% da população de Salvador.[5] Destarte, os negros se afiguravam como elementos fundamentais à manutenção e ao incremento das relações capitalistas de produção. Estas, com seus "sutis" mecanismos de seleção no mercado de trabalho, não apresentavam razões que justificassem manifesta discriminação. Correlacionado com esse aspecto, atentava-se para o perigo que o acirramento da contenda racial poderia provocar no seio da sociedade baiana. Os aparelhos ideológicos do Estado e a indústria cultural, em sua múltipla difusão, enfatizavam a igualdade das relações entre indivíduos e grupos distintos, promovendo a imagem idealizada da sociedade. Identificavam-na como um modelo de convivência racial e de humanismo, fazendo a sua promoção em níveis nacional e internacional. Associado ao mito da democracia racial afirmava-se o mito da democracia cultural, possibilitando aos negros cultivar a sua herança africana. A celebração, a exaltação da África e do negro estrangeiro tão a gosto da intelectualidade baiana, enfatizava, como contraponto a igualdade cultural entre as raças.[6]

Quais os mecanismos, nesse novo momento histórico, para a afirmação do ser negro em Salvador?

Tentativas foram efetivadas no campo político e todas as candidaturas que se pautaram em um discurso de natureza racial redundaram em fracasso. A sua participação, na condição de negro no novo movimento sindical, esbarrou no corporativismo orientado para melhores salários e privilégios para os trabalhadores organizados.[7] O próprio "movimento negro", por ser composto de

---

[5] Bacelar, Jeferson. *A luta na liberdade: negros e brancos após a Abolição (1889-1950)*. Relatório de Pesquisa para a Fundação Ford. Salvador, 1994.

[6] Dantas, Beatriz Góis. *Vovô nagô e papai branco*; usos e abusos da África no Brasil. Rio de Janeiro: Graal, 1988.

[7] Nos últimos anos ocorreram substanciais transformações: no plano político-partidário, com a eleição de representantes do mundo negro, como o Deputado Federal Luis Alberto e o Vereador Paulo Anunciação e no plano sindical, com a valorização da especificidade da questão negra.

um setor que ascendeu socialmente e perspectiva intelectualizante, não atraiu a massa negra pobre e em grande parte analfabeta. Mais ainda, a visão polarizada do movimento em relação à situação racial baiana – negros e brancos – assustou muitos negros, na medida em que suas práticas e vivências cotidianas eram pautadas no mito da democracia racial e no ideal do branqueamento. Os movimentos sociais urbanos, por sua vez, vinculados a reivindicações para a satisfação de suas necessidades imediatas e básicas de sobrevivência – água, luz, asfalto etc. – tinham no problema racial uma questão secundária.

Assim, conforme observamos, os espaços estavam fechados para a afirmação do ser negro. Entretanto, algo ficara vivo, tinha bases firmes, atravessara a escravidão, vencera a reação e a repressão por mais de 50 anos e mesmo com as "novas tecnologias" estava aí: a história vivida e contada no imaginário social, em grande parte plasmada na cultura, tendo como eixo central o candomblé.[8]

Dessa forma, a partir de 1970, os negros elaboraram uma nova proposta para o carnaval, revivendo de forma contemporânea os antigos afoxés.[9] Assim, nasceu o Ilê-Aiyê, como uma forma de reação ao carnaval branco e com uma proposta de celebrar os valores da cultura negra nacional e internacional. Apareceu num grande bairro de trabalhadores urbanos, a Liberdade, com uma população com enorme contingente de negros, *"tendo o candomblé nas suas portas"*.[10]

---

[8] Ver, entre outros, Carneiro, Édison. *Candomblés da Bahia*. Rio de Janeiro: Edições de Ouro, 1969; Bastide, Roger. *O candomblé da Bahia*. São Paulo: Companhia Editora Nacional, 1978; Costa Lima, Vivaldo da. *A família-de-santo nos candomblés jeje-nagôs da Bahia*: um estudo de relações intragrupais. Salvador: Dissertação para o Mestrado em Ciências Humanas da UFBA, 197; Braga, Julio. *Ancestralidade afro-brasileira*. O culto de baba-egun. Salvador: CEAO/ IANAMÁ, 1992.
[9] Os afoxés eram originariamente o candomblé na rua. Apresentava-se como uma forma de participação dos seus membros no carnaval. Ver: Risério, Antonio. *Carnaval ijexá*. São Paulo: Corrupio, 1981; Fry, Peter; Carrara, Sérgio e Martins-Costa, Ana Maria. Negros e brancos no carnaval da Velha República. In: REIS, João José (org.). *Escravidão & invenção da liberdade*. Estudos sobre o negro no Brasil. São Paulo: Brasiliense/CNPq, 1988, pp. 232-263.
[10] Silva, Jônatas C. da. História de lutas negras: memórias do surgimento do movimento negro na Bahia. In: REIS, João José (org.). *Escravidão & invenção da liberdade*. Estudos sobre o negro no Brasil. São Paulo: Brasiliense/CNPq, 1988, pp. 275-288.

O sentido de pertencer dos trabalhadores urbanos negros plasmados na região social ganha o componente racial, através do novo bloco. A cultura tornou-se ideologia e política na construção da identidade social do negro em Salvador. O seu poder de atração foi enorme, pela aproximação com a vivência cotidiana dos segmentos negros. De forma dinâmica, as raízes africanas inventadas foram revividas nas trancinhas, nas argolas, nas roupas, nas músicas, na sociabilidade, criando um sentimento de negritude, com um referencial identificador. A partir do Ilê, criaram-se outros afoxés e blocos-afro na cidade, com grande variedade, mas todos mantendo a perspectiva racializante da negritude. Foi na década de 1980, porém, que se afirmou a sua primazia entre os negros, com vertiginosa expansão na cidade. A afirmação da negritude espalhou-se por todo o corpo social, a vaidade e o orgulho de ser negro, bem como a criação de determinados "territórios negros", como a Liberdade e o Pelourinho, "invadiram" a cidade do Salvador. Em sua maioria jovens, eles estavam juntos, tinham força, capacidade de identificar-se como grupo. Já admitiam a possibilidade do exercício da cidadania como negros. Um intelectual brilhante, amigo meu, entusiasmado com a cultura negra, a entendeu como "hegemônica" em Salvador. Entretanto, o que viria a ocorrer nos anos 90, na era dos Fernandos?

III – O Novo Tempo da Modernização

As imagens apocalípticas de Robert Kurz sobre as sociedades do Terceiro Mundo ao considerá-las "*pós-catastróficas, ligadas à circulação sangüínea global do dinheiro por algumas poucas veias muito finas*"[11] têm alguma conexão com a realidade vivenciada por Salvador. Desde o início, o processo de modernização da economia e sociedade soteropolitana foi seletivo envolvendo o conjunto do segmento industrial apenas nos ramos químico e petroquímico. E fora do setor industrial, a modernização ocorreu de

---

[11] Kurz, Robert. *O colapso da modernização*. Da derrocada do socialismo de caserna à crise da economia mundial. São Paulo: Paz e Terra, 1993, p.167.

forma vigorosa apenas nos setores creditício e financeiro, além dos denominados serviços de utilidade pública, particularmente no setor de energia elétrica e telecomunicações.[12] Independente relativamente da dinâmica local, o setor moderno firmou-se como um corpo estranho numa sociedade em que jamais penetrou inteiramente. O grande problema é que foram abaladas as estruturas tradicionais, geradas novas e fulgurantes expectativas, em especial entre os jovens, e o setor moderno já começava a retrair-se com a desindustrialização.

No Pólo Petroquímico de Camaçari, de 24.000 trabalhadores em 1986, existiam em 1993, cerca de 16.000, ou seja, menos 30%. E Vanda Sá Barreto indica que de 1989 a 1994, o setor petroquímico reduziu em 47% o seu contingente de trabalhadores, sendo boa parte das demissões nas áreas técnicas de P & D e Engenharia.[13] Enfim, já tínhamos um reflexo direto dos processos de acumulação flexível ao nível do mercado de trabalho com a redução do emprego regular em favor da crescente terceirização, punindo os trabalhadores com perda real de salário, não-cumprimento de acordos e convenções coletivas e fragmentando a já fragilizada organização sindical.[14] Em outras palavras, o problema grave gerado pela modernização é a ausência da exploração capitalista do trabalho produtivo no seu bojo dinâmico.

Sem possibilidades no setor moderno as grandes massas acorrem às "economias locais", agarrando-se nos "cabides do Estado falido"[15] (incapaz de promover o bem-estar social) nos pequenos negócios e serviços e à imensa economia informal, que envolve da venda de "churrasquinho de gato" e amendoins até os subterrâ-

---

[12] Barreto, Vanda Sá. *O quadro atual da economia baiana e suas perspectivas*: subsídios para a criação do curso de Engenharia Elétrica. Salvador. Relatório de Pesquisa para o CEFET, 1994.
[13] Idem, ibidem.
[14] Harvey, David. *Condição pós-moderna*. São Paulo: Edições Loyola, 1992, pp.143-146.
[15] O Estado, historicamente pautado numa política clientelista de absorção de força de trabalho, tem no negro o seu contingente majoritário, evidentemente nos postos menos graduados da sua hierarquia burocrática.

neos do crime. Uma economia popular com sistemas antigos e novos de trabalho, artesanal, familiar, doméstico, paternalista, onde vigoram as relações pessoais, floresce na cidade, tornando-se a chave central da organização produtiva.[16] E com ela, os baixos salários, o empobrecimento, a deterioração do espaço físico, a carência generalizada de serviços públicos e as péssimas condições de habitabilidade da população. Mas nada disso é novo e só pensaríamos na catástrofe "kurziana" se incorporássemos como inexorável a sua lógica de modernidade, imantada no estágio alcançado pela produção de mercadorias dentro do ser do capital. Na sua concepção axiomática, se corrermos ou se ficarmos o "bicho come", ou seja, se tentarmos o desenvolvimento recuperador não teremos tempo de alcançar o Primeiro Mundo e se buscarmos soluções específicas voltaremos ao "primitivismo" e terminaremos de "tanga e tacape". Não existe história, conjuntura, contradição, no seu pensamento, apenas totalização e a sistematicidade pura pautada na inexorabilidade.

Em verdade, o que a modernização propiciou a Salvador de novidade foi o aguçamento das desigualdades, com a concentração de riqueza em um grupo minoritário, catalisador privilegiado de espaços e serviços públicos e a perspectiva de classes médias fortalecidas, envoltas no pressuposto da mobilidade social. É exatamente para as classes médias obstadas pela mobilidade negativa, nos seus "sonhos de consumo" que a modernidade torna-se dramática. Para as grandes massas expandidas com a miragem da modernização, sempre empobrecidas, aparece um dado expressivo: a miséria. Mais: a modernização gerou para os pobres, pretos ou quase-pretos uma violência exacerbada e a contínua negação dos direitos humanos. Salvador em 1994 teve 200 assassinatos por mês e em fevereiro de 1995 ultrapassou a casa dos 300 assassinatos.[17] Porém, a modernidade não tem efei-

---

[16] Coraggio, José Luis. A construção de economia popular como horizonte para cidades sem rumo. In: Ribeiro, Luis Cesar de Queiroz e Junior, Orlando Alves dos Santos (orgs.). *Globalização, fragmentação e reforma urbana*. O futuro das cidades brasileiras na crise. Civilização Brasileira, 1994. pp. 221-260.

[17] *A Tarde*, 03/04/95, p. 15.

tos apenas materiais, ela mexe com "a alma e o coração" das populações; a globalização invade as economias, sendo acompanhada pela mundialização das culturas, cuja introdução violenta nos países do Terceiro Mundo, conduz à separação processual de suas raízes nacionais.[18]

A similaridade dos hábitos de consumo em todas as regiões do globo retrata uma nova configuração social, com a convergência cada vez maior das "estruturas de consumo" – alimentação, roupas, calçados, lazer etc. – e dos modelos de organização do ciclo de vida do cotidiano. E esse processo de forma visceral, profunda, está confinado a pequenos setores da sociedade de Salvador. Entretanto, ele se irradia como simulacro em certos segmentos das classes médias e dos trabalhadores urbanos e se afirma como desejo de maneira totalizante em toda a população, sobretudo nos segmentos jovens.[19]

Os recentes estudos realizados pelo Programa "A Cor da Bahia"[20] têm revelado que "os negros são os primeiros que sobram" no mercado de trabalho e que entre os pobres são os mais pobres. Porém, qual tem sido a dinâmica das relações raciais e os caminhos trilhados pelos negros diante da nova modernização ou pós-modernidade?

IV – Os Negros e a Nova Modernização

A produção cultural na (pós) modernidade, tendo como eixo a economia, atende a uma lógica globalizante e padronizadora, mas também local e fragmentada.[21] Nada disso é novidade para os nossos grupos dominantes que sempre viveram de importar modas e modos europeus e norte-americanos. Enfim, ser um pastiche

---

[18] Ortiz, Renato. *Mundialização e cultura*. São Paulo: Brasiliense, 1994, p.179.
[19] Sansone, Lívio. *Negro parents, black children*: work, ethnicity and generational difference in Bahia, Brazil. Salvador: "paper" do Programa A Cor da Bahia, 1994.
[20] O Programa A Cor da Bahia pertence ao Mestrado em Sociologia da Universidade Federal da Bahia, sendo responsável por inúmeros estudos sociológicos sobre a situação do negro no mercado de trabalho na Bahia.
[21] Ortiz, op. cit., pp.181-2.

das "formas civilizadas" do mundo ocidental sempre foi a tônica dos privilegiados de Salvador. A novidade é que diante da expansão criativa dos negros a partir de 1970, sem base cultural própria, eles foram forçados a admitir tal produção, sobretudo a dança e a música, como "retrato da baianidade". Ao contrário do passado, em que eles a reprimiam e sonhavam com a sua extirpação,[22] os grupos dominantes tiveram que admitir a cultura dos negros como marco identificador da sociedade. Porém, a resposta à compulsividade cultural, vem por parte dos dominantes, auto-identificados como brancos em dois planos: 1) na expressão do mito da igualdade racial e cultural e; 2) na inserção da cultura negra no circuito capitalista de bens simbólicos, transmutados em mercadorias.

No primeiro caso, pode-se vislumbrar que a valorização mítica, romantizada da cultura negra como produto, tem atingido vários propósitos, entre eles, a segregação racial e a ausência de alterações na posição dos negros na estrutura de classes. Tomando como base analítica o carnaval, podemos vislumbrar que ele já não é como o da década de 1970, ou seja, um campo de subversão simbólica do poder, mas sim um instrumento definidor das estruturas opressivas.[23] No atual carnaval se estrutura um sistema altamente preocupado com as gradações e hierarquias. A própria organização oficial do desfile pauta-se em linhas marcantes de distinção social articuladas com o critério racial na formação de grupos: de um lado, os "blocos de trio" (popularmente conhecidos como blocos de "barões", de brancos); do outro, os blocos dos pobres e negros, ou seja, os afoxés, os blocos-afro, os blocos de índio etc. São estabelecidas gradações sociais internas na estruturação de cada grupo e formas separadas de participação na composição global do desfile. To-

---

[22] Pierson, Donald Brancos e Pretos na Bahia (Estudo de contacto racial) São Paulo: Companhia Editora Nacional,1971, p. 366.
[23] Stam, Robert. Michail Bakhtin e a crítica cultural de esquerda In: Kaplan, E. Ann. *O mal-estar no pós-modernismo.* Teorias, práticas. Rio de Janeiro: Jorge Zahar Editor, 1993, pp. 149-184.

dos juntos no maior carnaval-participação do mundo, mas efetivamente "cada qual no seu cada qual". Inexiste interação societária entre os grupos, sendo as cordas o marco físico de cada fronteira. Diante da afirmação do negro no carnaval, por sua vez, as classes médias e altas, identificadas como brancas, reagem estabelecendo critérios rígidos de discriminação social e racial para a participação em suas organizações. Quanto mais os valores negros ganham maior dimensão no carnaval e na sociedade, mais são sedimentadas as marcas distintivas, que envolvem desde a condição fenotípica, posição econômica, rede de relações, hábitos e tipo de consumo, local de moradia, para a inserção no "bloco de brancos ou gente bonita". Para alicerçar ainda mais as fronteiras, procuram dar realce ao sentido de "segurança intra-muros", pela distinguível barricada de proteção (nas cordas)... de negros. Assistimos ainda no carnaval dos últimos anos, dois fenômenos contundentes: 1) a privatização sistemática dos espaços para os assistentes; 2) a retirada dos principais espaços da festa dos ambulantes. Óbvio: o negro nem pode assistir o carnaval, nem tampouco nele trabalhar. Diríamos, enquanto o negro afirma a sua condição racial, o branco não quer "mistura". Enfim, no carnaval exterioriza-se, de forma pungente, a posição dos negros na hierarquia social, bem como a construção dos "muros brancos". A "cara do negro na tela" e a apropriação de espaços consagrados à valorização do mundo negro têm gerado como resposta, com "toda cordialidade", por parte dos brancos, a perspectiva da "homogeneidade racial" no espaço e no mundo social. É uma realidade a presença de condomínios e áreas residenciais isoladas da "impureza" advinda da sociedade envolvente e, por sua vez, a separação nos ambientes sociais, nos restaurantes, praias e outras formas de convivência.

No segundo plano, a transformação da cultura negra em produto da indústria cultural tem um grande impacto sobre os negros. No primeiro momento da modernização na década de 1970, o que os negros pretendiam era a construção de uma categoria dicotômica, via cultura, na luta política: negros X brancos. No decorrer dos anos, dois aspectos se incorporaram a essa primeira perspectiva: a) a sincretização cultural, oriunda da mundialização, com a incorporação de elementos africanos, latinos e americanos à "cultura inventada" dos negros da Bahia; b) a institucionalização dos grupos culturais e políticos dos negros, em estruturas formais e burocráticas. Se, por um lado, por sua luta e visibilidade, começam a ter voz e retórica oficial perante os brancos, por outro, são asfixiados pelas incessantes tentativas de cooptação.

A indústria cultural e os grupos dominantes fazem com os negros a seleção de grupos e indivíduos para a inserção e ascensão no mundo artístico e cultural. Tornam-se "vencedores": a) os exportáveis "planetariamente" como Olodum, Araketu e mesmo uma figura como Carlinhos Brown, representantes dos sincretismos desconsagrados[24]; b) os pautados na pureza, na originalidade e na negação do sincretismo em que estão investidos, como o primevo Ilê Aiyê. O acesso ao mercado de bens simbólicos gera visões conflitantes e disputas contínuas na comunidade negra e, por sua vez, a institucionalização os transforma em grupos de interesse, orientados para o acesso a recursos para sua corporação. Assim, o status, o prestígio de indivíduos e grupos começa a ser mensurado pela sua aceitação, pelo estágio de aceitação no mundo dos dominantes (nacionais e estrangeiros). Entretanto, esses grupos têm na aparente cooptação, tendo em vista a sua escassez de recursos, uma das poucas possibilidades para que permaneçam desenvolvendo as suas atividades propiciadoras de uma nova consciência sobre a negritude e luta contra o racismo, sobretudo em relação às novas gerações.

O racismo dos brancos ganha os contornos da pós-modernidade, de forma sutil e plástica, esmaecida, onde se ajunta ao físico (sempre básico), a roupa, o corpo, a linguagem, a religião, pautado no diferencialismo.

---

[24] Canevacci, Massimo. *Antropologia da comunicação visual*. São Paulo: Brasiliense, 1990, p.173.

Entretanto, assim como acho o modernismo e seus desdobramentos, com as suas pretensões totalizantes e trancendentais, apocalípticas, apenas um momento da história, da mesma forma vislumbro a situação dos "vencedores" como conjuntural e que cedo será superada.[25] Mais: a cultura dos negros não pode ser reduzida aos grupos formais, na medida em que ela engloba também fissuras, rupturas e antagonismos na realidade social. O caráter da dominação pressupõe controle, ausência de questionamento e fim da resistência, mas os negros sempre escapam e pelas ações e representações forjadas na sua cultura, como vivência, com raízes firmes, eles expressam a sua resposta, à sua maneira, a forma de ser dos dominantes, dos "brancos da terra". Um simbolismo que emana da negrada anônima, heterogênea e empobrecida, que se desloca do inócuo pluralismo liberal pautado na pseudo-igualdade. Um simbolismo enraizado nas gritantes desigualdades e discriminações em relação ao negro. Um simbolismo dos marginalizados, denunciador dos podres poderes, assentado nas clivagens estruturais da vida social.

Isso pode ser visto em vários planos da vida social. Na oralidade e práticas da comunidade lingüística do candomblé, a revelar de forma sacralizada, pela palavra e pelos ritos, uma história sem escrita e uma linguagem pluriacentual, indicadores de sua condição de classe e racial em Salvador.

São as novas culturas jovens, como o 'Hip Hop', que se alastram pela periferia da cidade, transgressoras das falas comuns e demarcadoras de novas territorialidades.

São as músicas dos compositores negros dos blocos-afro, sem nenhuma lógica da informação histórico-cultural, pautadas no sentido caótico e genérico das "raízes africanas"[26] que escapam

---

[25] Inegável é a importância dos blocos "vencedores", como forma de resistência, na construção e disseminação da negritude em Salvador. Pelo estatuto e poder que possuem na sociedade local e como interlocutores do Estado terão um papel fundamental nos rumos da negritude em Salvador.
[26] Ericivaldo Veiga: *A Tarde*, 23/02/90, p.1.

das apostilas dos acadêmicos da negritude e expressam a vivência, a poesia atextual do povo negro.

São os "pedaços"[27] construídos na cidade, identitários, relacionais e históricos contrapostos aos não-lugares[28] da supermodernidade. Como o novo Pelourinho, com seus quarteirões anódinos para a classe média e o turismo que permanece, sobretudo nas "terças-feiras da benção", invadido pelas turmas e grupos de negros dos bairros periféricos. No Terreiro de Jesus, por exemplo, "criam" uma "praça do interior" com suas barracas de comidas e bebidas e as turmas desenvolvem a sua sociabilidade irreverente; no mesmo plano situam-se os "pedaços" dos "babas"[29] e dos candomblés desconhecidos dos bairros de Salvador. Nestes últimos, estigmatizados e concorrendo em grande desvantagem frente aos pentencostais[30] no próprio espaço negro, muitas vezes tendo que silenciar os tambores e esconder sua crença, a resistência é firme e contínua.

É no próprio carnaval, hoje tão artificial e estilizado, que vemos emergir a cultura oposicionista dos negros oprimidos. Nos negros pipocas que com suas "turmas de malhados" provocam os arrastões na Ondina, Barra ou Avenida Sete. Ou mesmo no desfile do Ilê Aiyê na Liberdade, saindo dos limites temporais e espaciais preconizados pelo poder para a festa.

São os encontros comunitários, festivos, ruidosos, inconseqüentes desenvolvidos nas ruas e praças da cidade, com ênfase

---

[27] "Pedaços" são espaços transformados em região social, núcleos de convivência comunitária e ampla sociabilidade. Magnani, José Guilherme Cantor. Festa no Pedaço. Cultura Popular e Lazer na Cidade. São Paulo: Brasiliense, 1984, pp. 137-140.

[28] Augé, Marc. *Não lugares*. Introdução a uma antropologia da supermodernidade. Campinas: Papirus, 1994, pp.71-105.

[29] "Baba" é a denominação usada em Salvador para o jogo de futebol em qualquer espaço e com qualquer número de participantes. Hoje, a expressão "pelada", sobretudo nas classes médias baianas, já está substituindo o popular "baba". Bacelar, Jeferson. *Gingas e nós*: o jogo do lazer na Bahia. Salvador: Fundação Casa de Jorge Amado, 1991.

[30] As igrejas pentecostais, com as suas específicas formas de sociabilidade, apresentam uma enorme força de arregimentação dos negros nos bairros populares. Pior, desenvolvem uma política preconceituosa e estigmatizadora perante o candomblé.

nos bairros periféricos, a denunciar o vigor da cultura popular negro.

Em outras palavras, a modernidade se faz presente em Salvador e provoca grandes estragos na cultura dos negros. Mas ela permanece viva. E, com certeza, se manterá.

Este livro foi impresso em julho de 2008,
no Armazém das Letras Gráfica e Editora, no Rio de Janeiro.
As fontes usadas foram a Footlight MT Light 12/15 para o texto
e a Humanst 521 Lt Bt 18/20 para os títulos.
O papel de miolo é o offset 75 g/m² e o de capa é o cartão 250 g/m².